조선어학회 사건 33인 중 1인

민족어 교육의 한길
추정 이강래

이용익·이희영·김양진 편저

보고사
BOGOSA

추정 이강래(1885~1967)

한글날

어지신 님의천성 놀라우신 님의예지
새글자 페으신지 오백이오 열한돐
금보다 더귀한천량 우리문화 쌓올렸네

옛한때 거친바람 닫는앞길 괴롭히고
섬도둑 독한이빨 생명조차 삼켰거니
굳세고 줄기찬그힘 막을줄이 있으랴

눈피해 한결찼고 숨죽여 기척감춰
한품고 모은어휘 십칠만이 자칫적다
우리얼 우리큰사전 오늘이야 소리쳤네

영능뜰 향연깊고 세계말숲 그루는다
올심거 늦거두나 거룩한피 살아뛰니
오늘날 눈부신광명 불본듯이 뚜렷하리

1957년 10월 9일
이강래

차례

발간사

저의 선친 추정 이강래 선생이 돌아가신 후 57주년이 지났습니다. 선친은 일제강점기 초기인 1911년부터 수년간 젊은 나이에 만주 러시아 지역을 다니시며 독립운동과 한글을 가르치신 것을 시작으로 일제 치하에서 조선어학회에 입회하시어 돌아가실 때까지 한글 계몽과 발전에 힘을 기울이셨고 조선어학회 수난 사건 시 옥고를 치르기도 하셨습니다. 38여 년을 학교 교단에서 우리 말글을 가르치시는 일에도 열정을 다하셨습니다. 한마디로 선친은 평생을 민족어인 한글 계몽과 교육의 한길을 걸으신 분이었습니다. 저의 집에는 선친이 남겨 놓으신 유품들이 들어있는 가방이 하나 있는데 그 안에 선친이 틈틈이 친필로 쓰시고 고치신 메모 형식의 시조 한시들과 주고받으신 서신들이 있습니다. 많은 분량이 아니고 비록 늦었지만 귀한 자료가 더 이상 소실되지 않도록 이제라도 책자로 발간하기로 하였습니다. 사실 선친이 오랜 기간 한글 연구와 보급을 위해 일하시는 동안의 연구 자료, 강의 자료와 글들이 일제 때 수차례 구속되시는 과정에서 소각되고 압수당하고 6·25전쟁의 혼란과 그 후 여러 번 이사하는 과정에서 유실된 것이 많을 것으로 생각되어 안타깝습니다. 이 책자 안에는 선친의 친필 원고와 함께 국어학자인 선생의 손자사위가 쓴 추정 선생 평전 그리고 선생의 자손들과 제자들이 존경하고 사랑하는 아버지, 할아버지와 스승님을 추모하는 글들이 있습니다. 이 책을 통하여 평생을 기독교 신앙을 가지고 나라 사랑, 우리 말글 사랑, 이웃 사랑을 실천하신 선친의 삶의 진면목이 가감 없이 세상에 알려지는 데 도움이 될 수 있다면 의미가 있다고 생각합니다. 그리고 이 책을 읽으시는 분들에게 조금이나마 위로와 소망을 드릴 수 있다면 큰 기쁨이 되겠습니다. 이 책은 저희 집안의 소중한 가보가 될 것입니다. 이 책 출간에 정성 어린 축하의 글, 추천의 글을 써 주신 한글학회 권재일 이사장님, 조선어학회 선열유족회 최홍식 부회장님, 홍윤표 전 연세대학교 교수님, 그리고 배화여중 정재원 교장선생님 등 여러분들께 심심한 감사의 말씀을 드립니다. 선친 평전과 시조, 한시의 현대어 번역, 해설을 맡아 주고 출판까지의 전 과정에서 힘써 준 저의 큰사위 김양진 교수와 선친의 친필 원고의 원문 입력과 어휘 주석, 해설, 교정 작업 등에서 큰사위와 함께 수고한 큰딸 이희영 교수에게도 고마움을 표합니다. 또 이 책의 출판을 허락해 주신 보고사 대표 김흥국 사장님과 나오기까지 수고와 조언을 해 주신 편집부 직원분들께도 감사드립니다.

2024년 봄

이용익(이강래 선생 차남)

이강래 선생 추모문집 발간을 축하합니다

권재일
재단법인 한글학회 이사장

　평생 우리 말글을 지키고 가꾸어 오시면서 이 때문에 모진 옥살이까지 하신 추정 이강래 선생의 추모문집 발간을 매우 기쁘게 생각합니다. 그리고 한글학회를 대신하여 마음 깊이 축하합니다.

　선생은 기독교 신앙인으로서 주어진 사명에 투철하시고 세상 불의와 타협하지 않는 외길을 걸으셨습니다. 유교 문화 가운데서 살아오셨지만 기독교 신앙을 받아들이셨고, 그 신앙은 평생 한글 운동을 통한 나라 사랑으로, 교육 현장에서 제자 사랑으로 이어졌습니다. 이렇게 선생은 나라 어려운 시기에 목숨을 걸고 우리말 우리글 지키는 일, 제자를 사랑으로 교육하는 일에 헌신하셨습니다.

　선생은 1927년 지금의 한글학회인 조선어연구회에 참여하신 이후 "한글"지 창간에 관여하며, 여러 지역을 순회하며 조선어 강습회 강사로 활동하시고 방언 수집을 하시며 한글 계몽에 힘쓰셨습니다. 1935년 1월 조선말 큰사전 편찬을 위한 조선어 표준어사정위원회의 사정위원으로 선정되시어 전 과정에 참여하셨고 조선어학회의 사전 편찬 사업의 간사로 일하시던 중 조선어학회 수난의 일이 일어났습니다. 1942년 10월 21일 서울에서 검거되어 홍원경찰서와 함흥감옥에서 혹독한 고문과 옥고를 치르시다가 1943년 9월 풀려나셨습니다. 이렇듯 선생은 우리말 큰사전을 편찬하면서 목숨을 건, 한글학회의, 나아가서 우리 민족의 위대한 선열이십니다. 우리는 이를 길이 받들어 뒤따라야 할 것입니다.

광복 이후에도 선생은 국어 교사가 매우 부족한 상황을 극복하기 위해 한글학회가 1945년 9월부터 1946년 1월까지 4차에 걸쳐 국어 교원 긴급 양성 강습을 시행할 때 강사로 참여하셨고, 한글학회 7대 임원(서무부 이사: 1948년 10월~1955년 2월)과 재단법인 한글학회 1대~6대 이사(1949년~1967년)를 역임하시면서 한글학회 발전에 공헌하셨습니다.

이강래 선생은 교육자로서 제자 훈육에도 온 힘을 다하셨습니다. 개성의 정화여학교, 송도고등보통학교, 서울의 배화여자보통학교·중학교, 경복중고등학교에 근무하시면서 학생들에게 말과 글의 가치, 문학에 담긴 우리 민족의 정서, 그리고 민족의 얼을 심어 주셨습니다. 배화여중 제자인 이철경 선생(한글서예가)은 "선생님께서는 일제 사슬에서 조국의 주권을 찾는 길은 오직 박멸 직전에 당면하였던 민족혼의 고취와 우리 문화 보존 개발에서만 가능한 일임을 선각하셔서 교육자로 몸소 선구의 진두에 서시었습니다. 제자들을 훈육하시는 데도 자애와 정성으로 동고동락을 신조로 하셨으니 진실로 선생님께서는 실천의 사표이셨습니다. 선생님께서는 백절불굴의 인내와 극기로써 청빈한 생활에 만족하시면서 항상 인자하시고 따뜻하신 사랑으로 저희 어린 머릿속에 뿌리가 깊은 민족혼을 호소하셨습니다."라고 회상하였습니다. 경복고등학교 어느 졸업생은 어지러운 사회를 저주하고 불운한 환경을 고민하던 문하생에게 삶의 정당한 길을 실천으로써 가르치시고 힘을 넣어주신 선생님의 교훈이야말로 역사가 존재하는 한 사라질 리 없을 것이라 선생을 회고하였습니다.

이 추모문집에는 선생의 시조 작품 여러 편 실려 있습니다. 선생의 시조 작가로서 일면을 보여 줍니다. 자연을 노래하시기도 하고 민족의 얼을 빛내기도 하셨습니다.

히는듯 검은돌과 나지긋 누운솔을 / 들면쓸고 나면기려 끔찍이 여기나니 / 그 절개 곧고굳은것 내벗인가 하노라 (1949년)

눈피해 한결찼고 숨죽여 기척감춰 / 한품고 모은어휘 십칠만이 자칫적다 / 우리얼 우리큰사전 오늘이야 소리쳤네 (1957년, 큰사전 완간을 맞이하여)

우리는 오늘날 선생의 말글 사랑과 제자 훈육의 덕분으로 문화를 누리고 풍요로운 삶을 이어가고 있습니다. 선생의 장남이신 이용정 님은 "의롭고 좋은 일에 언제나 몸소 앞장서시고 나랏일, 가족, 세상사, 제자에게 내 몸을 깎으시고, 무서우시면서도 따뜻하신 아버님"이라고 기억하였습니다.

따라서 이제 우리는 선생의 정신과 실천에 담긴 깊은 뜻을 높이 기려 우리 삶 속에 이어 나가야 할 것입니다. 이번에 발간하는 이 추모문집이 바로 그 시작이 될 것입니다. 그러한 뜻에서 추모문집 발간을 온 마음으로 축하하며, 문집 발간에 애써 주신 이용익 님을 비롯한 후손 여러분께 감사의 말씀을 올립니다.

추정 이강래 선생님 추모집 발간을 축하합니다

최홍식
조선어학회 선열유족회 부회장
(사)세종대왕기념사업회 회장

국어학자 추정 이강래 선생님은 1885년 충북 충주에서 태어나셨고, 1910년 관립공업전습소 도기과를 수료한 후, 1911년부터 1913년까지 연길과 블라디보스토크에서 독립운동 및 한글 계몽운동에 참가하셨던 애국자이십니다. 귀국 후 개성 정화여고, 송도고보, 서울 배화여고에서 교편을 잡고 교육 일선에서 수고하셨습니다.

1927년 조선어연구회에 참가하면서부터 우리말과 글을 지키고 다듬고 체계화하는 일에 조선어학회 동지들과 함께 크게 이바지하셨습니다. 1932년 『한글』 창간호 발간에 기여하였으며, 1933년~1935년 조선어 강습회 강사로 수고하셨습니다. 1935년~1936년 조선어 표준말 사정 위원으로 활동하셨고, 우리말 큰사전 편찬의 실무 간사로서 큰 역할을 하셨습니다.

1938년에는 이른바 흥업구락부 사건에 일제의 탄압으로 구금되기도 하였으며, 1942년 발생된 '조선어학회 수난' 33인 중 한 사람으로 구금되었다가 간신히 기소유예로 풀려나는 고난을 받으셨습니다.

광복 후에 배화여고 교장, 경복고교 교감으로 봉직하다가 정년퇴임을 하셨습니다. 1956년 서울시교육회로부터 교육 공로자 표창을 받으셨습니다.

2014년 서울시가 일제 한말글 말살정책으로 희생된 선열 33인의 정신을 기리고 기념하기 위하여 종로구 세종로공원에 '조선어학회 한말글 수호 기념탑'을 건립하였으며, 그 기념탑에 추정 이강래 선생님의 이름도 잘 각인되어 있습니다.

이 행사 후에 한글학회 재단이사회에서 '조선어학회 사건 선열유족회'를 발족시켰으며, 선열 유족들이 그 회원으로 참가하고 있습니다. 본인은 외솔 최현배 선생님의 손자로서 회원으로 참여하고 있는데, 추정 이강래 선생님의 손자사위되는 경희대 국문과의 김양진 교수께서도 추정 선생님의 후손으로 참여하고 있습니다. 김양진 교수님은 훈민정음 제자해에 관심이 많으시며 좋은 논문도 발간하셨습니다.

김 교수님의 부탁으로 이 추천의 글을 쓰게 되었는데, 이런 기회로 (고)추정 이강래 선생님의 여러 업적과 수고하셨음을 어느 정도 짐작하게 되었기에 저로서도 큰 의미가 있다고 할 수 있습니다. 가족들에 의해 이번에 계획되는 추정 이강래 선생님 추모집 발간과 자료의 정리, 그리고 추모 행사를 통하여 추정 선생님에 대한 보다 자세한 업적들과 정신이 대중에게도 널리 알려지는 계기가 되기를 바랍니다.

유가족들이 어르신의 큰 뜻을 이어받아 우리말 글 사랑과 봉사, 연구 등에 크게 기여하는 귀한 가족 구성원들이 모두 되시기를 기원합니다. 그리고 크게 축하드립니다.

2023년 11월 30일

추정 선생님의 고귀한 뜻이 이어지기를

홍윤표
전 연세대학교 국어국문학과 교수

　제가 '추정 이강래 선생 추모집'에 글을 쓰게 된 것은 1993년에 추정(秋汀) 선생님께서 소장하고 계셨던 한적들과 양장본들을 추정 선생님의 자제분인 이용익 선생님께서 단국대학교 율곡기념도서관에 기증하신 일에 연유됩니다. 그때 제가 단국대학교 율곡기념도서관장 직을 맡고 있었습니다.

　그 해에 상경대학 경영학과의 이광주(李光周) 교수님으로부터 추정 선생님의 자제분이 추정 선생님의 장서를 율곡기념도서관에 기증하시겠다는 의사를 밝히셨다는 반갑고 놀라운 소식을 듣고는 잠시 어리둥절했습니다. 추정 선생님이 조선어학회 사건과 연관되어 옥고까지 치르신 독립운동가이시며, 한글맞춤법 제정에 관여하셨을 뿐만 아니라 큰사전 편찬에도 깊이 관여해 오신 국어학자이시며, 교육계에도 오랫동안 몸담아 오신 참다운 교육학자이신 것을 알고 있었던 저로서는 이렇게 훌륭한 분의 소장본을 1책이 아니라 소장하셨던 모든 책을 기증받는다는 것이 꿈만 같았기 때문입니다.

　그 당시 율곡기념도서관에는 1991년에 김동욱 선생님의 제자이신

황패강 선생님의 노력으로 나손 김동욱 선생님의 귀중한 고문헌, 특히 한글 고소설이 기증되어 나손문고가 설치되어 있었습니다. 그래서 추정문고의 설치로 한국 어문학계의 훌륭한 두 분의 문고가 설치됨으로써 국어국문학의 중요한 자료를 보유할 수 있게 되었습니다. 이광주 교수님이 추정 선생님의 장서를 율곡기념도서관에 기증토록 권유하신 것도 이러한 사실과 연관이 있을 것이라는 사실을 느낄 수 있었습니다.

그래서 이를 기념하고자 1994년에 이 문고들의 목록을 만들고 단국대학교 율곡기념도소관의 한적목록을 간행하여 전국 도서관에 배포하여서 이 뜻깊은 사실을 널리 알렸습니다.

단국대학교 도서관은 서울캠퍼스에 퇴계기념도서관, 천안캠퍼스에 율곡기념도서관이 있습니다. 저는 '단국'과 '퇴계'와 '율곡'과 연관되는 '한국학' 연구의 기틀을 마련하는 일이 율곡기념도서관의 사명이라고 생각했습니다. 한국학 연구의 요람이 되기 위한 노력의 첫 단계는 이 분야의 자료를 확보하는 일이라고 생각하고 있었습니다. 그래서 추정문고와 나손문고가 설치됨으로써 이름 그대로 한국학, 그중에서도 한국어문학의 중요한 터전을 만들 수 있었습니다.

추정문고에 소장되어 있는 고문헌은 경서류가 많고, 월인석보 2책, 훈몽자회, 규장전운, 전운옥편, 어록해 등의 국어 관련 자료뿐만 아니라 두율(杜律), 향산시(香山詩), 선시(選詩), 왕형문공시(王荊文公詩), 이백칠률(李白七律), 당음장편(唐音長篇) 등의 한시(漢詩) 자료와 국조방목(國朝榜目), 사마방목(司馬榜目) 등의 국사 관련 자료가 많습니다. 추정 선생님이 어떠한 면에 관심을 가지고 계셨는지를 알 수 있는 장서 내용이었습니다.

이 추정문고를 정리하던 중에 고문헌의 책갈피에서 낱장 한 장이 발견되었는데, 그것은 연활자로 인쇄된 기미독립선언문이었습니다. 그 문서를 도서관의 금고에 보관하도록 하였는데, 지금은 어떻게 보관되어 있는지 궁금해서 제가 학교를 떠난 후에 물어보았더니, 그 행방을 아는 분이 없어서 안타까워했던 기억이 있습니다.

그런데 제가 직장을 단국대학교에서 연세대학교로 옮겨 간 후에 깜짝 놀랄 일이 일어났습니다. 추정 선생님의 손녀 이희영 양이 고려대학교 국문과 출신인 김양진 군과 혼인한다는 소식을 들었습니다. 어떻게 이러한 인연이 맺어진 것인지는 알 수 없지만, 평소 교수가 되기 이전의 김양진 군을 잘 알고 있었던 터라, 너무 반갑고 경하할 일이라고 생각했습니다. 세상이 좁단 말은 이러한 때에 하는 말인 것 같았습니다. 그래서 이를 경하하기 위해 혼인식에도 참석하여 축하하였고, 그 이후에도 김양진 교수를 만날 때마다 추정 선생님 장서에 대한 이야기를 하곤 했습니다.

국어운동을 하신 애국 선열분들께서는 대체로 그분들의 뜻을 이어받는 제자가 있는데, 추정 선생님의 뜻을 이어받은 사람이 없어서 안타깝게 생각하고 있었던 터라, 그 손녀사위가 그 뜻을 이어받게 되었다는 뿌듯함이 제 가슴 속에 밀려왔습니다. 그래서 김양진 교수를 만날 때마다, 단국대학교 율곡기념도서관에 가서 그곳에 소장된 고문헌뿐만 아니라 다른 문서들도 조사해 보라고 여러 번 부탁하곤 했었습니다. 바빠서 조사할 새가 없었다는 이야기만 들었었는데, 최근에서야 그곳에 가서 조사를 마쳤다는 소식을 들을 수 있었습니다.

추정 선생님 장서가 율곡기념도서관에 소장되기 이전까지 저는 선생님의 성함을 들어서 대충은 알고 있었지만, 선생님의 일생이나 그 활동 상황 또는 그 업적들에 대해 구체적인 사실은 아는 바가 없었습니다. 그래서 틈나는 대로 알아보려고 노력을 하였습니다. 첫 번째로 찾으려고 했던 것은 혹시 남겨 놓으신 저서나 논문이 없을까 하는 것이었습니다. 그러나 어디에서도 저서나 논문을 찾을 수가 없었습니다. 일제강점기 때에 애국 애족 운동, 특히 국어 운동을 하신 분들은 많은 글을 남기셨는데, 추정 선생님의 글은 찾을 수가 없었습니다. 마찬가지로 조선어학회 사건과 한글맞춤법 및 국어 및 한글 운동 등의 기록 속에서 추정 선생님에 대한 기록을 찾으려고 했는데, 대부분 다른 분들과 함께 연명(連名)으로 되어 있는 기록들뿐이었습니다. 그리고 신문 기사에서도 몇 사람에게만 초점이 맞추어 있을 뿐 추정 선생님을 비롯한 여러 선생님들의 활동에 대한 구체적인 기록은 찾을 수가 없었습니다.

이러한 기록을 찾다가 제가 느낀 점은 추정 선생님의 인품에 대한 것이었습니다. 여러 가지 기록 현상들을 보면서 추정 선생님은 매우 조용하고 겸손하신 분이며, 양보심이 강한 분이어서, 자신만을 위해 활동하는 분이 아니라 전체를 위해서 자신을 버리시는 분이라는 생각을 하게 되었습니다. 이러한 품성을 지닌 분이야말로 진정한 교육자라는 사실을 느낄 수 있었습니다. 모든 공적을 나의 것이 아니라 모든 사람들과 함께 공유하시는 분일 것이라는 생각을 하게 되었습니다. 저서나 논문을 찾지 못해 추정 선생님의 학문적 업적은 비록 알 수는 없었지만, 많은 기록들의 뒤에 숨어 있는 추정 선생님의 인격을 찾을 수 있었습니다. 선생님의 아호인 '추정(秋汀)'이 그대로 연상됩니다.

우리는 늘 국어와 한글을 자랑하고 있습니다. 훈민정음 창제자이신 세종대왕과, 이를 발전시키기 위해 노력해 온 많은 분들의 개인적인 업적을 이야기하면서 그분들의 칭찬에 열을 올립니다. 그분들이 남긴 많은 기록들이 있기 때문입니다. 물론 우리는 그래야만 할 것입니다.

그러나 잊고 있는 것이 있습니다. 훈민정음이 창제된 후에 오늘날 우리말과 글이 이렇게 발전하여 쓰이고 있는 것은 실제로 이것을 지키고 이어 오려고 노력해 온, 보이지 않고 알려지지 않은 수많은 선조들의 노력이 훨씬 컸기 때문입니다. 더구나 묵묵히 우리말과 글을 지키려고 노력해 오고 실제로 자신을 희생하면서 일선에서 이를 직접 실천하며 일생을 바치신 추정 선생님과 같은 분들의 공적은 더욱 큰 것입니다. 그런데 우리는 그분들에 대한 고마움을 잊고 있는 것은 아닌지요?

이제 추정 선생님의 후손들이 추모집을 만든다고 합니다. 이 추모집이 단순히 추정 선생님을 회고하고 추모하는 일뿐만 아니라, 추정 선생님의 뜻을 이어받을 수 있는 중요한 계기가 되어야겠다는 생각을 합니다. 그리고 추정 선생님의 고귀한 정신이 후대에 전달되기 위한 중요한 동기가 되기를 바랄 뿐입니다.

2023년 11월에 홍윤표 삼가 씀

거인(巨人)을 향한 사모곡(思慕曲)

정재원

제26대 배화여자중학교장

배화여자중학교에 몸담은 덕분에 거인을 만났다. 본교 제10대 (1946~1949) 교장 추정(秋汀) 이강래 선생이다. 오래전에 고인이 되어 실제로 뵐 수는 없지만, 이 추모집을 통하여 그분의 숭고한 삶과 마주할 수 있었다. 사진 속 그분은 자그마한 체구였다. 하지만 그분을 알아갈수록 점점 거인이라 여겨졌다. 하나님 사랑의 본을 보인 신앙인으로서, 우리 말과 글을 목숨 걸고 지킨 애국 한글학자로서, 교육 발전에 지대한 공을 세운 참교육자로서 그분의 발자국은 매우 컸다.

후손과 제자, 지인들이 정성으로 써 내려간 글에는 존경과 사랑과 그리움이 담뿍 담겨 있다. 선생이 남긴 시조와 한시, 편지 등에는 올곧았던 선생의 삶을 맞출 수 있는 조각들로 그득하다. 선생의 쉽지 않았던 인생이 고스란히 보인다. 하나님과 나라를 향한 충성과 헌신으로 이룬 고귀한 여정이 생생히 드러난다. 이 책은 분명히 후대에 깊은 울림을 선사하며 의미 있는 인생을 꿈꾸게 하는 길잡이가 될 것으로 믿는다.

국내외 순회 한글 강습, 조선어학회 및 한글학회 활동을 통한 독립운동, 교직 생활 38년 3개월, 일제 치하 구금 생활 1년 2개월, 한글공로자로 문교부장관 표창 수상, 서울특별시교육회 교육공로자상 수상, 대한민국 건국훈장 애족상 추서, 국립대전현충원 애국지사 2묘역 제926호 안장 등 객관적인 기록만 보아도 이분의 삶이 어떠했을까를 짐작할 수 있다. 한글학자이자 독립운동가, 교육자의 사명을 잘 감당하려는 불굴의 기개와 처절한 인내, 그리고 끊임없는 투쟁과 노력이 만들어낸 존경스러운 이력이다.

선생은 일제강점기 흥업구락부 사건과 조선어학회 사건으로 투옥 생활을 거듭하면서도 민족교육에 온 힘을 썼고, 독립 후에는 민족교육과 더불어 기독교 신앙교육에 매진했다. 협박과 회유와 위협 가운데서도 꿋꿋하고 의연하게 외길을 걸어갔다. 이는 『배화백년사』 기록에도 세세히 나와 있다. 그런데 이 책을 읽는 동안에는 따뜻하면서도 성의로우며 추진력 있으면서도 감성이 풍부한 어른과 훈훈한 시간을 보내고 있는 것 같은 느낌을 받았다.

이 책에는 시대 상황에 맞서던 그분의 내면까지 속속들이 볼 수 있다. 선생의 강인함과 인내, 뒤로 물러서지 않는 용기, 불의와 타협하지 않는 강직한 마음, 학문에 대한 열정이 소용돌이친다. 일제강점기와 독립, 6·25전쟁 등 굵직굵직한 굴곡의 한 가운데에서 치열하게 고민하며 온몸을 던져 '올바른 가치'를 선택한 선생의 결단이 드러난다. 작은 체구로 감당하기에는 버거운 상황 속에서도 끝까지 포기하지 않고 신념을 지킨 작은 거인을 만날 수 있다.

자신의 영달을 뒤로하고 기꺼이 희생하며 힘든 가시밭길을 걸어간 선생의 헌신과 애씀은 후대에 아름답게 기억되어 또 다른 결실로 이어져야 한다. 이 책은 그 뜻이 모여 탄생했다. 하늘에서 흩뿌려지는 촉촉한 빗방울의 내어줌이 있어야 새순이 돋고 줄기가 자라며 꽃을 피워 열매를 맺을 수 있듯이, 선생의 희생은 우리에게 영감과 사명과 감동을 주며 새로운 결실을 이루게 한다.

이 책에 수록된 선생의 시조와 한시는 기품이 있고 단아하면서도 열정과 신념이 끊임없이 샘솟는 화수분과 같다. 앞으로 이 작품들이 재조명되어 선생의 숭고한 정신과 문학적 감수성이 세상에 펼쳐지면 좋겠다. 작품 구절구절마다 애국심과 기개가 넘쳐나고, 청정한 절개와 고고한 참교육자의 정신이 빛난다. 선생의 오랜 경륜과 뛰어난 전문성이 녹아난 이 작품들이 더 많은 사람에게 선한 영향력을 줄 수 있기를 기대하며 몇 편을 소개한다.

다음은 〈한글날〉이라는 제목의 연시조 중 제2수이다.

옛한때 거친바람 닫는앞길 괴롭히고
섬도둑 독한이빨 생명조차 삼켰거니
굳세고 줄기찬그힘 막을줄이 있으랴

【현대어역】
옛 한때 거친 바람 걷는 앞길 괴롭히고
섬도둑 독한 이빨 생명조차 삼켰거니
굳세고 줄기찬 그 힘 막을 줄이 있으랴

선생이 평생 간직했던 한글 수호의 정신이 강렬하게 드러난 작품이다. '거친 바람'과 '섬도둑'은 일본을 의미하고, '앞길 괴롭히고'와 '생명조차 삼켰거니'는 한글 말살하려는 일제의 만행을 의미한다. '굳세고 줄기찬 그 힘'은 일제에 맞서서 한글을 지키려는 굳센 의지와 줄기찬 노력을 표현한 것이다.

다음은 〈배화를 떠나며〉라는 제목의 연시조 중 제2수이다.

　　四十年 맺친가슴 맘껏풀가 하였더니
　　녹새는 살어이고 굿은말은 귀거친다
　　두어라 웃고뛸날이 아직인가 하여라

【현대어역】

　　사십년 맺힌 가슴 맘껏 풀까 하였더니
　　높새는 살을 에고 굿은 말은 귀에 거친다
　　두어라 웃고 뛸 날이 아직인가 하여라

선생은 배화여중 교장에 취임한 후 당시 무너졌던 기독학교의 정체성을 다시 세웠다. 기독교 신앙을 가진 교사를 대거 채용하고 종교교육과 기도회를 활성화했다. 이를 못마땅하게 여긴 학교 내 좌익교사와 학생들이 반발과 협박을 계속하고 재단도 괴롭혔다. 그러나 선생은 그들과 타협하지 않고 학교를 사임했다. 위 시조는 그때 쓴 작품으로, 올바른 교육을 마음껏 펼치지 못하는 안타까움과 괴로움을 담았다.

다음은 〈影島 臨時 校舍에서〉라는 연시조 중 제1수이다.

　　古礪山 煙霞속에 젖어늙은 바위서렁
　　앞뒤에 둘러두고 의젓이선 열天幕은
　　북악껴 큰소리치던 景福의 배움터다

고갈산 연하(煙霞) 속에 젖어 늙은 바위츠렁
앞뒤에 둘러두고 의젓이 선 열 천막(天幕)은
북악 끼고 큰소리치던 경복(景福)의 배움터다

  6·25전쟁 때, 피난 갔던 부산 영도에서 경복중학교 교감을 맡아
천막학교를 운영하던 때의 시조이다. 시조 전문을 읽어보면 전쟁의
급박한 상황 속에서도 한글 교육을 비롯하여 후학 양성에 최선을 다
하려는 열정과 의지가 강렬하게 드러난다.
  선생은 정화(여학교), 송도(고등보통학교), 배화(여자보통학교, 고등여
학교, 여자중학교), 경복(공립중학교, 중학교, 고등학교, 훈육소), 경성(공립
농업학교)에서 교사, 교감, 교장을 지내면서 참교육을 실현하기 위해
최선을 다했는데, 이러한 노력이 선생의 여러 작품들 속에 잘 담겨
있다.
  다음은 〈느낌〉이란 시조이다.

바른길 괴롭다고 굽혀가지 마르시오
굽은길 발익으면 발돌리기 어려우니
일생에 곧치지못할 큰병들가 두려워라

바른 길 괴롭다고 굽혀 가지 마시오
굽은 길 발에 익으면 발 돌리기 어려우니
일생에 고치지 못할 큰병 들까 두려워라

어떠한 상황에서도 굽은 길을 가지 말고 바른 길을 가야 한다는 권면이 담긴 작품이다. 언제나 정의를 선택하는 것은 선생이 평생을 지킨 인생철학이요 기준이었다. 그것이 선생 삶에 한 치의 오차도 없이 적용되었기에 선생의 권면에는 엄청난 힘이 있다.

한정된 지면 때문에 많은 작품을 다루지 못하는 것이 아쉽다. 평생 한글을 연구하고 국어를 가르친 분의 작품이라 문학적 완성도는 더 언급할 필요 없이 훌륭하다. 정갈한 단어의 사용과 매끄러운 흐름이 예술이다. 그런데 선생의 작품이 빛나는 더 큰 이유는 글에 담긴 그분의 삶 자체가 크나큰 존경과 감탄을 불러오기 때문이다. 선생의 진실하고 숭고하며 정의롭고 기개 넘치는 삶은 글 속에 활활 타오르는 생명력을 불어넣으며 빛난다.

이강래 선생은 분명 거인이었다. 작은 체구 안에 큰 뜻을 품은 거인이었다. 그분의 희생과 헌신을 바탕으로 이 땅에 흩뿌려진 선한 영향력은 일제강점기에서 6·25전쟁까지의 격동기는 물론이고 1967년 향년 83세로 하늘 고향에 가실 때까지 계속되었다. 거인의 발자국은 한순간의 공백도 없이 세상에 남겨졌다. 그분의 발걸음을 따르다 보면 온전하고 정의로운 삶의 길로 들어서리라는 확신이 든다.

선생이 소천하신 후 56년이 지나서야 이 책이 세상에 나온 것은 많이 늦은 감이 있으나, 이제라도 그분이 그토록 염원했던 강렬하고 아름다운 메시지를 받을 수 있어서 감사하다. 특별히 배화에 몸담고 있는 필자에게는 더욱 감회가 새롭다. 배화여중 교장으로서 학교를 위해 기도하며 간절히 소망했던 선생의 뜻을 이어받아 어떻게 사명을 감당할지를 깊이 생각하는 좋은 계기가 되어 진정 감사하다.

빛나는 햇살이 온 세상을 밝게 비추듯이 하나님과 국가, 한글과 교육에 대한 선생의 사랑이 세상에 펼쳐지고 결실하길 기도한다. 선생의 숭고한 삶의 모습이 이 책을 접하는 모든 사람에게 영감을 주어 새로운 소망과 용기와 결단을 일으키길 기도한다. 또한 하나님을 구주로 삼고 매사에 하나님 보시기에 아름다운 선택을 했던 선생의 삶을 본받아 세상의 빛과 소금으로 살아가는 우리가 되길 기도한다.

마지막으로 이 선한 책을 엮어내신 선생의 가족과 지인들의 노고에 감사한다. 추천사를 쓰는 영광을 누린 것에 무한 감사하며, 거인 추정 이강래 선생을 존경하고 사모하는 마음 가득 담아 시조를 지어보았다. 부족하지만 정성으로 드리며 선생의 삶을 기리는 보석 같은 추모집 추천을 갈무리하고자 한다.

〈거인(巨人)을 향한 사모곡(思慕曲)〉

겨레의 얼을 담은 우리글의 수호자로
일평생 동분서주 초지일관 한글 사랑
일제의 매서운 형틀 굳은 기개 못 꺾어

처참한 민족 전쟁 풍전등화 모진 시대
경상 땅 벌판에서 천막 교실 펼쳐놓고
교육의 원대한 희망 꿋꿋하게 외쳤네

하나님 의지하며 붉은 심장 큰 뜻 품고
작은 몸 번제 드려 이루어낸 거인 업적
秋汀의 발자국 따라 사모하며 전진해

추정 이강래 선생 연보

1885.11.16.(음)	광주이씨 병무(秉茂)의 장남으로 충북 충주군에서 출생[1]
1907.4.1.	안성공립보통학교 제3학년 입학
1908.3.15.	안성공립보통학교 제3학년 수료
1908.4.1.	관립공업전습소 도기과 입학
1910.2.	동대문서 구금(10일간)
1910.9.28.	경술국치
1910.12.22.	조선총독부 공업전습소 도기과 졸업
1911.1.2.~1913.4.19.	만주 연길에서 독립운동 및 한글 순회 교수
1913.4.20.~10.5.	러시아령[露領] 블라디보스토크에서 독립운동 및 한글 순회 교수

---

[1] 국가보훈처 독립유공자 공훈록과 대전현충원 묘비명, 한글학회의 자료 등에는 생년월일이 1891년 11월 16일로 되어 있으나 선생의 실제 생년월일은 1885년 11월 16일(음)이다. 광주이씨 문경공파 종회 발행 광리세적(廣李世蹟)에 1885년생으로 1967년에 83세로 세상을 떠났다고 되어 있고 명치 43년(1910년) 발급된 조선총독부 공업전습소 도기과 졸업증서에도 당시 연령을 25세라고 기록하고 있으며 1958년(무술) 12월 26일(음 11월 16일) 쓰신 선생의 시조에도 "어느덧 일흔네돐"이라고 쓰여 있다. 1919년 3·1운동 당시 피검되셨을 때 일제의 신문조서에서도 선생의 연령이 35세로 되어 있고, 원주 시절의 호적등본에도 1889년부터 원주로 이주한 것으로 되어 있어서 선생의 실제 생년이 1891년 이전인 1885년이었음을 방증해 준다. 가족들도 모두 1885년생으로 알고 있어서 공식 기록과 달리 선생의 실제 생일은 1885년 11월 16일(음)이 맞는 것으로 판단된다. 한국전쟁 후, 1953년 5월 30일 서울지방법원의 허가 재판에 의하여 호적정정 신청이 동년 6월 1일에 신고되어 제적등본에 출생연월일을 1891년 11월 16일로 정정하였는데, 그에 따라 1953년 이후에 작성된 선생의 자필 이력서에서는 생년월일을 1891년 11월 16일로 기재하고 있다. 전쟁의 혼란 이후 생계유지의 형식적 요건을 갖추기 위한 임시방편의 일이 공식 기록으로 남은 것이다.

1915.2.	종로서 구금(45일간)
1915.4.23.	개성 정화여학교 교원 피임
1915.5.1.	일본사범학회 본과 입학
1916.9.~1917.9.5.	애국창가집 사건으로 고초
1917.10.9.	일본사범학회 본과 졸업
1919.3.	개성 경찰서 구금(17일간)
1919.4.5.	맏딸 용완 출생
1920.9.30.	개성 정화여학교 교원 사임
1920.10.1.	개성 송도고등보통학교 교원 피임
1923.4.25.~5.22.	일본 방문(방문 목적 미상)
1924.1.29.	둘째 딸 용진 출생
1927.3.31.	개성 송도고등보통학교 교원 사임
1927.4.1.	배화여자보통학교 교원 피임
1927.12.20.	조선어연구회(1931년 1월 10일부터 조선어학회, 현 한글학회) 입회
1932.5.1.	『한글』 기관지 창간호 발간에 참여
1933.3.31.	배화여자보통학교 교원 사임
1933.4.1.	개성 송도고등보통학교 교원 피임
1934.2.	개성 동부보통학교에서 한글 강습 지도
1934.	개성시의 유지들이 발기하고, 진행하여 개성 송도고등보통학교에서 개최된 조선어학회 주최 '춘기 한글 강습회'의 강사
1934.7.~9.	황해도 신천, 안악 등지를 순회하며 동아일보사가 주최하고 조선어학회가 후원한 제3회 조선어 순회 강습회에 강사로 참여하고 한글 계몽과 방언을 조사
1935.1.	개성 남면보통학교에서 한글 강습 지도
1935.1.2.~1.6.	조선어 표준어사정위원회의 사정위원(충청)으로 온양에서 열린 제1독회에 출석하여 토의에 참여

1935.8.5.~8.9.	조선어 표준어사정위원회의 사정위원(충북, 송도고보 소속)으로 서울에서 열린 제2독회에 출석하여 토의에 참여
1936.3.31.	개성 송도고등보통학교 교원 사임
1936.4.1.	배화여자고등보통학교(1938.4. 배화고등여학교로 개칭) 교원 피임
1936.4.1.~1945.	조선말 큰사전 편찬의 실무 제1기 때 조선어학회 간사 역임
1936.7.30.~8.1.	조선어 표준어사정위원회의 사정위원으로 인천에서 열린 제3독회(최종 회의)에 출석하여 토의에 참여하고 수정위원 11인 중 1인으로서 약 3년 동안 이어 온 조선어 표준어 사정의 최종 마무리 정리 작업에 참여
1937.~1938.	조선어학회 제7대 임원(도서부 간사)
1938.7.5.~9.3.	흥업구락부 사건으로 서대문경찰서에 구금되었다가(치안유지법 위반 혐의) 기소유예 판결을 받고 석방됨
1939.3.1.	일제 보호관찰소의 지시로 배화고등여학교 교원 사임
1939.3.~1942.10.	조선어학회 활동 계속
1942.1.19.	장자 용정(1920년생) 입양
1942.10.21.~1943.9.18.	조선어학회 사건이 일어난 뒤, 서울에서 검거되어 함경남도 홍원경찰서 유치장과 함흥감옥에 수감되었다가 기소유예 판결을 받고 석방됨
1943.9.~1945.4.(음 2월)	충청북도 단양군(현재는 제천군) 평동에서 칩거
1945.4.	배화여자중학교 교사 피임
1945.8.15.	해방
1945.9.11.~9.24.	조선어학회의 국어 교원 양성을 위한 제1회 국어강습회 사범부 강사로 참가
1945.9.25.	단양 평동보통학교에서 한글 강습 지도
1945.10.24.~11.13.	조선어학회의 국어 교원 양성을 위한 제2회 국어강습회 사범부 강사로 참가

1945.12.31.	경성공립농업학교 강사 위촉
1946.6.26.	배화여자중학교 교사 사임
1946.6.27.	배화여자중학교 제10대 교장에 피임
1946.7.31.	경성공립농업학교 강사 사임
1946.8.20.	배화학원 재단이사회 이사 겸임
1947.4.1.	배화유치원장 겸임
1948.3.13.	차남 용익 출생
1948.8.20.	배화후원회 이사 겸임
1948.8.31.	배화유치원장 사임
1948.10.1.~1955.2.28.	한글학회 7대 임원(서무부 이사)
1949.2.28.	배화여자중학교장 사임
1949.4.2.~1967.2.19.	재단법인 한글학회 임원(1대~6대)
1949.5.5.	경복공립중학교 교사 임명
1949.5.24.	1949년도 국정 국어 교본 편찬 위원 위촉
1949.6.12.	첫 모임을 가진 '십일회' 회원으로 참여
1949.6.26.~1950.6.25.	한글 전용 촉진회 위원
1950.6.25.	6·25전쟁 발발
1950.10.1.	경복중학교감 임명
1952.4.10.	큰사전 편찬 사업을 위한 미국 록펠러 재단의 두 번째 원조 문제로 내한한 재단 인사와의 회담에 한글학회측 대표의 일원으로 참석
1952.4.26.	서울 본교의 경복중고등학교훈육소 책임자 겸임
1952.9.5.	경복중학교감 사임, 경복고등학교 교사 임명
1952.9.20.	경복훈육소 교감서리 임명
1953.4.1.	경복훈육소 폐지로 인해 경복훈육소 교감서리 해임
1955.1.25.	고등학교 특수교사 예능과 자격증 수득
1955.12.20.	검인정교과용도서 내용 사열 임시 위원 위촉
1956.10.6.	서울특별시교육회의 교육 공로자 표창 수상

1956.11.15.	경복고등학교 교사 정년퇴직
1956.11.16.	경복고등학교 전임강사 임명
1957.10.9.	한글공로자로 문교부장관 표창장 수상
1959.3.31.	경복고등학교 전임강사 사임
1959.4.1.~1962.2.	경복고등학교 시간강사
1967.2.19.	서울 신교동 자택에서 별세(향년 83세)
	(선생은 서울 도렴동 종교교회에서 세례를 받고 권사의 직분을 가지고 섬김)
1967.2.23.	종교교회에서 장례 예식 후 경기도 남양주시 화도읍 차산리 종산에 안장됨
1990.8.15.	대한민국 건국훈장 애족장 추서
1993.2.	선생이 생전에 수집하여 보관하고 있던 서적들을 후손이 단국대학교 천안캠퍼스 율곡기념도서관에 기증하여 〈추정문고(秋汀文庫)〉가 설치됨
2001.10.19.	국립대전현충원 애국지사 2묘역 제926호에 안장. 계배위 안상익(安相益), 삼취위 안화옥(安華玉)과 삼합부

◉ 한글운동

1911.1.2.~1913.4.19. 만주 연길에서 독립운동 및 한글 순회 교수

1913.4.20.~10.5. 러시아령[露領] 블라디보스토크에서 독립운동 및 한글 순회 교수[2]

1923.4.25.~5.22. 일본 방문(방문 목적 미상)

---

2) 선생의 자필 기록에는 "단기 4244년(1911년) 1월 2일~단기 4247년(1914년) 1월 중순까지 滿洲及露領海蔘威에 있었던 것으로 기록되어 있다. 아마도 노령 해삼위에서 개성까지 오는 데 2~3개월이 걸린 것으로 추정된다.

1927.12.20.	조선어연구회 입회[3]
1932.5.1.	『한글』 기관지 창간호 발간에 참여
1934.2.	개성 동부보통학교에서 한글 강습 지도
1934.	개성시의 유지들이 발기하고, 진행하여 개성 송도고등보통학교에서 개최된 조선어학회 주최 '춘기 한글 강습회'의 강사
1934.7.~9.	황해도 신천, 안악 등지를 순회하며 동아일보사가 주최(브나로드운동)하고 조선어학회가 후원한 제3회 조선어 순회 강습회에 강사로 참여하고 한글 계몽과 방언을 조사
1935.1.	개성 남면보통학교에서 한글 강습 지도
1935.1.2.~1.6.	조선어 표준어사정위원회의 사정위원(충청)으로 온양에서 열린 제1독회에 출석하여 토의에 참여
1935.8.5.~8.9.	조선어 표준어사정위원회의 사정위원(충북, 송도고보 소속)으로 서울에서 열린 제2독회에 출석하여 토의에 참여
1936.4.1.~1945.	조선말 큰사전 편찬의 실무 제1기 때 조선어학회 간사 역임
1936.7.30.~8.1.	조선어 표준어사정위원회의 사정위원으로 인천에서 열린 제3독회(최종 회의)에 출석하여 토의에 참여하고 수정위원 11인 중 1인으로서 약 3년 동안 이어 온 조선어 표준어 사정의 최종 마무리 정리 작업에 참여
1937.~1938.	조선어학회 제7대 임원(도서부 간사)
1942.10.21.~1943.9.18.	조선어학회 사건이 일어난 뒤, 서울에서 검거되어 함경남도 홍원경찰서 유치장과 함흥감옥에 수감되었다가 기소유예 판결을 받고 석방됨(일제는 그가 1935년 조

---

3) 〈한글학회〉의 역사 : 학회의 창립과 초창기 10년(1908~1918년)-국어연구학회(1908년 8월 31일)-배달말글몯음(1911년 9월 3일)-한글모(1913년 3월 23일)-조선어연구회 (1919~1930년)-조선어학회(1931~1949년)-한글학회(1949년~현재)

선어 표준어사정위원회에 참여하여 협의를 한 점, 1931년
조선어학회 사무실에 참여하여 한글 강습회 개최에 대해
협의를 한 점 등을 문제 삼아 처벌하였음)

1945.9.11.~24. 조선어학회의 국어 교원 양성을 위한 제1회 국어강습회
사범부 강사로 참가

1945.9.25. 단양 평동보통학교에서 한글 강습 지도

1945.10.24.~11.13. 조선어학회의 국어 교원 양성을 위한 제2회 국어강습
회 사범부 강사로 참가

1948.10.1.~1955.2.28. 한글학회 7대 임원(서무부 이사)

1949.4.~1967.2. 재단법인 한글학회 임원(1대~6대)

1949.5.24. 1949년도 국정 국어 교본 편찬 위원 위촉

1949.6.12. 첫 모임을 가진 '십일회' 회원으로 참여

1949.6.26.~1950.6.25. 한글 전용 촉진회 위원

1952.4.10. 큰사전 편찬 사업을 위한 미국 록펠러 재단의 두 번째 원
조 문제로 내한한 재단 인사와의 회담에 한글학회측 대표
의 일원으로 참석

1955.12.20. 검인정교과용도서 내용 사열 임시 위원 위촉

◉ 교직 생활

1915.4.~1920.9 개성 정화여학교 교원(5년 5개월)

1920.10.~1927.3. 개성 송도고등보통학교 교원(6년 6개월)

1933.4.~1936.3. 개성 송도고등보통학교 교원(3년)

計 9년 6개월

1927.4.~1933.3. 배화여자보통학교 교원(6년)

1936.4.~1939.2. 배화여자고등보통학교(후에 배화고등여학교)
교원(2년 11개월)

1945.4.~1946.6. 배화여자중학교 교사(1년 3개월)

1946.7.~1949.2. 배화여자중학 10대 교장(2년 8개월)

計 12년 10개월

1949.5.~1950.9. 경복공립중학교 교사(1년 5개월)

1950.10.~1952.8. 경복중학교감(1년 11개월)

1952.9.~1956.11. 경복고등학교 교사, 경복훈육소 교감서리(4년 3개월)

計 7년 7개월

1946.1.~1946.7. 경성공립농업학교 강사(7개월)

정년퇴직 전 합계 35년 11개월

1956.12.~1959.3. 경복고등학교 전임강사(정년퇴직 후 2년 4개월)

교직생활 총계 38년 3개월

해직교사 생활(일제에 의한 강제 해직) : 6년 1개월(1939.3.~1945.3.)

◉ 일제 치하 구금

1910.2.　　　　　동대문서(10일간 구금)

1915.2.　　　　　종로서(45일간 구금, 내용은 미상)

1919.3.　　　　　개성 경찰서(17일간 구금)

1937.7.5.~9.3.　홍업구락부 사건으로 서대문경찰서에 수감, 기소유예 판결로 석방(2개월, 60일간 구금)

1942.10.21.~1943.9.18.　조선어학회 사건으로 함경남도 홍원경찰서 유치장과 함흥감옥에 수감, 기소유예 판결로 석방(332일간 구금)

합계 424일(1년 2개월)

제1부

추정 이강래 선생의
생애와 활동

혈기왕성하던 청년 시절에 빼앗긴 나라를 되찾기 위해 국외에서 암중모색
하던 시절을 거쳐 국내에서 묵묵히 조국의 젊은이들에게 국어교육과 함께
민족의식을 불어넣고 한국어 정서법과 표준어 제정, 큰사전 편찬 등 한국어
정책의 기틀을 마련하는 데 장년을 보내고 해방 이후 동족상잔의 비극적인
전쟁을 거치면서도 노년을 거쳐 말년에 이르기까지 민족어 교육의 끈을
놓지 않고 살아낸 선생의 팔십 평생의 삶을 오늘날 우리가 잊지 않고 기억해
야 하는 이유는 분명하다. 선생의 삶이 바로 우리 민족이 걸어온 길이었으
며 그 가르침이 바로 오늘의 우리를 길러낸 자양분이었기 때문이다.

추정 이강래 선생의 생애와 활동[*]

김양진[**]

경희대학교 국어국문학과 교수

추정 이강래(李康來) 선생은 평생을 민족어 교육의 길에 몸 바친 교육자이자 기독교 계열의 독립운동을 뒷받침하고 조선어학회 초창기부터 해방 후까지 한글 연구와 조선어 사전 출판의 산파 역할을 한 선각자이다.

선생은 1885년 11월 16일 광주(廣州) 이씨 병무(秉茂)의 장남으로 충청북도 충주군에서 출생하였다. 선생의 다른 이름은 이학래(李學來)이다. 호(號)는 추정(秋汀, 가을 물가) 이외에 백파(白坡, 흰 언덕)가 더 있으며 자(字)는 화여(和汝)이다. 선생은 충주에서 태어났지만 자라기는 강원도 원주군 지정면 간현에서 자랐다. 원주 시절의 호적등본에는 1889년부터 원주로 이주한 것으로 되어 있어서 선생이 5세이던 1889년에 충주로부터 원주로 이주한 것으로 보인다. 이곳에서 선생은 평생의 친구라 할 수 있는 야자 이만규(李萬珪) 선생과 함께 소

---

* 이 글의 내용 일부가 종교교회의 월간 기관지 『베데스다』(2023년 4월호)에 실려 있다.
** 글쓴이 김양진(1966~)은 이강래 선생의 손자사위로 고려대학교 국어국문학과를 졸업하고 동 대학에서 국어학으로 석사, 박사를 마쳤다. 현재 경희대학교 문과대학 국어국문학과 교수이다.

년기에서 청년기까지 대략 10여 년간 원주 간현의 서당에서 한학에 몰두하였다.

선생이 원주를 떠난 것은 1907년 4월 1일에 안성에 새로 생긴 사립안성보통학교 제3학년으로 편입학하게 된 무렵의 일로 보인다.[1] 사립안성보통학교는 본래 1902년(광무 2년) 당시 안성군수였던 이종두(李鍾斗)가 민간인의 기부금으로 민가(民家)를 매입하여 안성 지역 최초의 근대학교인 '사립안성소학교'를 세우면서 역사, 지리, 이과 등 새로운 교과 도입을 시도한 곳이다. 사립안성소학교는 을사늑약 (1905)으로 일제에 의한 통감 정치가 시작된 직후인 1906년 통감부의 보통학교령(4년제)이 실시되면서 1907년 4월 1일 자로 공립안성보통학교(公立安城普通學校)로 이름을 바꾸었고 당시 교원이었던 이무년 (李茂年)을 교장으로 임명하였는데 선생이 이 학교에 입학한 것은 바로 이때이다. 선생은 이듬해인 1908년 3월 15일 자로 이 학교를 3학년만 수료하고 떠나게 되는데 이때는 일제가 조선에서의 교육에 대한 통제와 조선의 역사 지우기를 본격화하던 무렵이다.

선생은 이후 서울로 거주지를 옮겨 본격적으로 근대적 교육 수학의 길로 나섰다. 서울공업고등학교와 서울대학교 공과대학의 전신이라 할 수 있는 관립공업전습소(2년 6학기제)의 도기과에 1908년(명치 41년) 4월 1일에 입학해서 1910년(명치 43년) 12월 22일에 졸업하였다.

관립공업전습소는 대한제국 시기 고종의 명에 의해 설립된 농상공학교의 후신이다. 근대적 과학교육과 인재 양성을 목적으로 2년 6학

---

1) 선생이 이때 사립안성보통학교의 제3학년으로 편입한 것으로 볼 때 이미 이 이전에 다른 근대적 교육 기관에서 수학했을 가능성이 있으나 이에 대해서는 아직 확인된 바가 없다.

기제로 설치되어 서울 낙산 밑의 이화정(梨花亭) 자리(지금의 방송통신대 자리)에 근대적 건물을 세운 뒤, 1907년 1월에 첫 입학생을 받았다. 관립공업전습소의 설치에 대해 기존에는 이토 히로부미(伊藤博文) 통감의 의뢰를 받아서 당시 대한제국 정부의 공업 분야 고문으로 있었던 히라가 요시미(平賀義美)가 개설의 필요성을 제기하여 설립안이 구체화된 것으로 알려져 있었지만 최근의 연구에서 관립공업전습소의 설립이 본래 민족진영 내부의 요구에 의한 것이었음이 꾸준히 논의되고 있다.

관립공업전습소의 응시자격은 보통학교 졸업자 이상이면 되었는데 선생은 1908년 3월에 안성보통학교 3학년을 수료하고 같은 해 4월에 관립공업전습소에 입학한 것으로 보아 이러한 기준이 철저하게 지켜진 것은 아닌 듯하다. 1907년 첫 모집에서는 67명 모집에 전국에서 1,111명이 몰려 16.5:1의 경쟁률을 기록하였는데 이듬해인 1908년 선생이 지원했을 무렵에는 관립공업전습소의 입시 경쟁이 더욱 치열했을 것으로 추정된다.

시험과목은 일어, 한문, 산술, 구두시험으로 치러졌는데 1차는 산술로 1/2을 거른 다음 일어−한문의 순서로 당락을 결정한 것으로 알려져 있다. 구두시험에서는 지원 동기나 졸업 후의 목표, 결혼 여부, 단발에 대한 소신 등을 물었다 한다. 선생은 어린 시절부터 오랫동안 수학해 온 한학 실력과 사립안성보통학교에서의 수학 기간(혹은 그 이전의 알려지지 않은 근대적 교육 수학 기간)의 일어 및 산술에 대한 학습 경험을 바탕으로 관립공업전습소의 치열한 경쟁력을 뚫고 입학한 것으로 보인다.

당시 관립공업전습소의 위상은 다음과 같이 대한제국 시기 관립공

업전습소의 현황을 정리하여 보고한 농상공부소관 『관립공업전습소
일람(官立工業傳習所一覽)』(1909)의 서언을 통해 확인해 볼 수 있다.

> 韓國에서 工業重要홈은 窯業及纖維工業이니 本編□陶磁器業의 現
> 況과 及隆熙三年十二月末섈지 職員出張報告로 僅히 陶磁器業及纖維
> 工業의 一部에 關홈에 不過ㅎ나 本所第一回報告로써 事業調査의 參
> 考에 資코즈 홈. 隆熙三年 十二月 日(대한제국에서 공업의 중요함은
> 요업과 섬유공업이니 이번에 편집한 도자기업의 현황과 융희 3년
> (1909) 12월말까지 직원의 출장 보고로는 그저 도자기업 및 섬유공업
> 의 일부에 관함에 불과하나 본소의 첫 번째 보고로서 사업 조사의 참
> 고에 쓰고자 함. 융희 3년 12월 일)"(서희정, 2022 참조)

관립공업전습소에서는 염색과, 도기과, 금공과, 목공과, 응용화학
과, 토목과의 6개 과를 모집하였는데 다른 과와 마찬가지로 도기과
의 수업을 통해 최초의 근대식 도자기 교육이 이루어졌다고 할 수
있다. 선생의 장서 중에는 이때의 강의안 일부가 남아 있어서 이 방
면의 주요한 참고 자료가 된다.

선생은 26세인 1910년 12월에 관립공업전습소를 졸업하였지만 이
미 이때는 일본에 나라를 빼앗긴 이후였기 때문에 선생은 힘들게 학
습한 전공 영역에서의 이익을 버리고 이듬해 1911년 1월부터 만주로,
러시아로 떠돌게 된다.

같은 시기에 관립공업전습소를 함께 다닌 사람으로는 구영필과
박찬익이 있다. 밀양에서 독립운동단체 일합사(一合社)를 조직하여
운영한 구영필(具榮必, 1890~1926)이 1908년~1910년까지 관립공업전

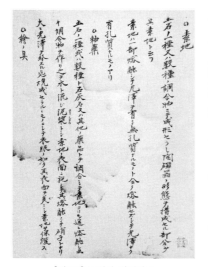

[자료1] 도기과 강의안 1
(단국대 율곡기념도서관 추정문고 소장)

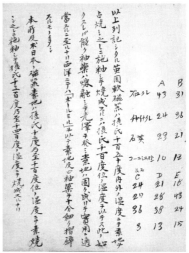

[자료2] 도기과 강의안 2[2]
(단국대 율곡기념도서관 추정문고 소장)

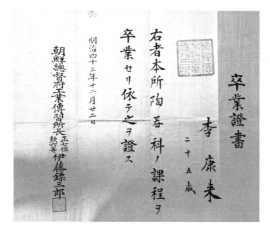

[자료3] 1910년 12월 22일 관립공업전습소 도기과 졸업증서[3]

2) [자료1]의 앞부분은 망실되었다. 중간 부분 이하만 남겨져 있으며 남겨진 자료의 맨
   앞에 이강래인이 찍혀 있다. [자료2]의 내용 중에서 '本所'는 '工業傳習所'를 말하며
   내용 중에 일본의 磁器素地에 대한 기록이 보인다.
3) 이 졸업 증서에 명치 43년(1910)에 선생의 연령이 25세였음이 기록되어 있다. 이로

습소 도기과를 함께 다녔고, 1908년 4월 관립공업전습소 염직과에 입학하여 1910년 3월 31일 최우등으로 졸업한 박찬익(임시정부의 외교관)도 같은 시기에 관립공업전습소를 다녔다.

이들과 선생의 공통점은 모두 관립공업전습소를 졸업한 이후 1910년 일한병탄으로 상실한 대한제국의 국권을 회복하기 위한 방법을 모색하기 위해 만주로, 러시아로 떠돌았다는 것인데 박찬익 등이 상해 임시정부에 합류하여 본격적인 해외 독립 투쟁에 전념하였다면 이강래 선생은 국내로 돌아와 국내에서의 활동을 적극적으로 모색하였다는 점에 있다.

다만 이강래 선생의 1910년~1915년의 행적이 묘연한데 아마도 이 시기 만주 지역을 순회하며 활동했던 이력이 공식적으로 남겨지지 못한 까닭이다. 이와 관련하여 선생의 둘째 딸 이용진(1924~1994) 님의 다음 기록과 김창현 선생이 경복고등학교 문예지인 『학원(學苑)』 15집에 남긴 한시의 내용이 참조할 만하다.

"지금의 工業高等學校 前身인 官立工業傳習所에서 學問을 하시며 나라 亡하는 것에 분개한 몇몇 젊은 동지들이 李完用 집에 뛰어들다 뜻을 못 이루고 滿洲로 피하셨던 일도 있었다는 이야기, 가다가다 한 말씀씩 하시던 기억이 난다. 그 후에도 滿洲를 드나들 때마다 함경도 사람들의 人心이 좋았었다는 이야기며 노란 조밥을 사발 위에 사발을 얹어 대접 받으시고 꽁꽁 언 豆滿江을 얼음 숨구멍을 피해 길잡이하여

볼 때, 선생의 실제 생년은 1885년인 것으로 확인된다. 선생이 관립공업전습소에 다니기 시작한 것은 대한제국 11년인 1908년 4월부터였는데, 2년 반의 교육 과정을 마치고 졸업할 무렵(1910년 12월)에는 이미 대한제국이 일본에 나라를 강탈당하여 조선총독부 산하에서 일본인 전습소장인 伊等鏢三郎의 이름으로 졸업 증서를 받았다.

주어 건너 가고 건너 오시던 이야기, 들려주시던 이야기들이다."

- 이용진 회고문 중에서

夙抱經綸醫世志　　일찍이 세상을 경륜하고 바로잡을 뜻을 품고
丁年負笈入長安　　젊은 나이에 책상 짊어지고 서울로 갔다네.
嗟乎不辰會百六　　아! 불운의 시대를 만났으니
忍說上章泪汍瀾　　눈물 흘리며 상소한 일 어찌 말하리오.
　　遊學漢城時值庚戌之變(서울 유학 시에 경술국치를 겪었음)
奔走露瀋追溥老　　만주 땅 바쁘게 다니며 보재(溥齋) 어른 따라
雲雪饕風途道艱　　풍찬노숙하며 온갖 고생 하였다네.
　　卒業後從溥齋李公相卨行來于露領滿洲等地屢被倭警受辱(졸업 후에 보
　　재 이상설 공을 따라 러시아, 만주 등지를 다니다가 여러 차례 왜경에게
　　붙들려 욕을 봄)
氣節骯髒無少屈　　우뚝한 기절로 조금의 굽힘도 없으니
南冠何由悅險關　　감옥 생활 어찌 험난한 곳을 견뎌냈던가.

- 김창현, "敬呈 秋汀先生(삼가 추정 선생님께 드립니다)" 『학원』 15집 중에서

선생의 자필 이력에 따르면, 선생은 1910년 2월경 동대문서에 구금되었고 1911년 1월 2일에서 1913년 4월 19일까지 만주 연길에서 독립운동 및 한글 순회 교수 활동을 하였으며 1913년 4월 20일에서 1913년 10월 5일까지 러시아령[露領] 블라디보스토크에서 독립운동 및 한글 순회 교수를 하였다고 한다.

위의 이용진 회고문 및 김창현 선생의 기록과 선생의 자필 이력 내용을 종합해 보면 1910년 2월 동대문서 구금에 대한 기록은 관립 공업전습소 시절 몇몇 젊은 동지들이 이완용을 처단하려다가 뜻을 이루지 못한 무렵의 일로 여겨진다. 이때는 이재명 의사의 이완용

암살 시도(1909년 12월) 이후 어깨와 오른쪽 등을 찔린 이완용이 지금의 서울대병원의 전신인 대한의원에서 수술을 받고 1910년 2월 14일에 완쾌되어 퇴원할 무렵이다. 자신이 다니고 있던 관립공업전습소(현재 대학로 방송통신대 위치)에 인접한 곳에 있는 대한의원(현재 대학로 서울대 병원 위치)에서의 이완용의 완치 소식은 20대의 혈기 왕성한 관립공업전습소의 청년들에게 의분을 일으키기 충분한 일이었다.[4]

선생이 1910년 12월 관립공업전습소를 마치고 국권을 빼앗긴 나라의 훗날을 도모하기 위해 1911년 1월 2일~1913년 10월 5일까지 여러 동료들과 보재 이상설[5] 선생을 따라 만주와 러시아 지역을 드나들며 독립운동에 참여하였다는 자필 이력의 내용은 관립공업전습소를 함께 다니다가 대한민국 임시정부 외교부에서 활약한 박찬익의 이야기

---

4) 선생이 동지들과 함께 직접 이완용의 처단에 나섰는지는 불분명하다. 다만 1910년 2월 무렵 동대문서에서의 1주일간의 구금 기록과 여러 구술 내용들을 통해 보았을 때 선생이 이 일에 어떻게든 연루되어 있었을 가능성이 있다.

5) 보재 이상설(1870~1917)은 충북 진천 출신의 독립운동가로 을사늑약(1905) 이후 국권이 실질적으로 일본으로 넘어가자 1906년에 국외로 망명하여 이동녕(李東寧) 등과 블라디보스토크를 거쳐 노우키에프스크[煙秋]로 이주해서 원동임야회사(遠東林野會社)를 세우고, 간도(間島) 용정촌(龍井村)으로 가서 서전서숙(瑞甸書塾)을 설립하여 용정이 독립운동기지로 역할을 하는 데 중심적인 인물로 활약했다. 이상설은 1907년 고종의 밀지(密旨)를 받고, 헤이그 만국평화회의에 이준(李儁)·이위종(李瑋鍾)과 함께 참석하였으나 실패한 뒤, 영국을 거쳐(1908.2.) 미국으로 넘어가 약 1년간 지내며 국민회를 조직하고(1909.2.) 다시 러시아 블라디보스토크로 돌아와(1909.7.) 유인석과 함께 십삼도의군을 창설하고(1910.7.) 봉밀산 독립운동 기지를 개척하고 성명회(姓名會)를 결성하여(1910.8.18.) 병탄반대운동을 전개하는 등 독립운동의 실질적인 지도자로 활약하고 있었다. 일제의 강력한 개입으로 인해 러시아에서의 한인 독립운동가들은 거센 탄압을 받게 되었는데 이상설도 이때 우수리스크로 끌려가 유폐되었다가 1911년에야 석방되기에 이른다. 성명회 역시 1911년 1월까지는 활동을 계속해 왔지만 그 이후의 활동 상황은 드러나 있지 않다. 이강래 선생이 식민지가 된 조국을 떠나 만주로, 러시아로 이상설을 따라 이동하던 시절은 바로 이 무렵의 일로 국외에서의 독립운동의 길이 답보 상태에 빠져 있던 때이다.

와 함께 선생의 실제 경험을 담은 것으로 이해된다. 훗날 이 시기 자료가 좀 더 발굴되어 선생의 일대기가 구체화되기를 희망한다.

선생이 국내에서 본격적인 활동을 시작한 것은 1915년 4월 23일 개성 정화여학교 교원으로 피임되면서부터이다. 이 학교에서 선생은 주로 한글 교육과 한문 교육을 담당하게 되었는데 이로부터 선생은 민족어 교육에 본격적으로 참여하게 된다.

이후 정식 교사가 되기 위해 선생은 1915년 5월 1일에 일본사범학회 본과에 입학하여 1917년 10월 9일에 졸업하였다. 일본사범학회는 일본의 통신 교육 기관으로서 심상사범학교 수준의 학력을 우편물을 통해서 교수하는 곳으로 회원이 되면 자택에서 독학해서 만 3년 되는

[사진1] 정화여자보통학교 졸업식 1 (앞줄 오른쪽 세 번째가 이강래 선생)

[사진 2] 정화여자보통학교 졸업식 2 (뒷줄 왼쪽 두 번째가 이강래 선생)

[자료 4] 1917년 10월 9일 일본사범학회 졸업증서

날에 졸업할 수 있다. 졸업할 때 교원 학력 검정 시험을 치러서 합격하면 수강생의 개인 소양 자료를 제공해 주는 한편 수강생이 선량하고 착실한 교원으로서의 재질과 지식이 있다는 증빙 자료로 졸업 증서를 제공하고 있는데 그동안 일제 시기 국내에서 이 제도를 이용하여 교사 자격증을 취득한 사례가 보고된 바가 없던 중 선생의 이 졸업 증서는 일본사범학회의 통신 교육이 국내 교사 양성의 한 수단이었음을 말해주는 확실한 물적 증거 자료로 학계의 주목을 요한다.

일본사범학회는 에도(江戸) 시대 말기부터 메이지(明治) 시대에 걸쳐 수학자로서 활동했고, 이후 해군 군인, 재무성(財務省) 관료를 역임한 오노 도모고로(小野友五郎, 1817~1898)에 의해 시작되었다. 오노 도모고로는 이 학회의 학회지 『신지식(新智識)』 2호(1895:28~29, 間紙)에 총 6면에 걸친 전면 광고를 통해 학회의 설립 취지, 담임 강사, 찬성원(贊成員), 회칙의 순으로 각각의 내용을 싣고 회원을 대대적으로 모집하고 있다.

[자료 5] 일본사범학회 회원모집 광고
(『신지식』 2호(1895:28))

이 자료에 실린 학회 설립 취지의 대강을 번역하여 소개하면 다음과 같다.

정부는 보통 사범학교를 설립하고 적절한 교원을 육성하는 구조를 갖추는 것이 바람직하다. 그 제도나 조직은 아무리 훌륭하게 정비되어도 국가 경제가 아직 수요와 공급의 균형을 유지하지 못하는 한 좋은 결과를 얻을 수 없다. 이것은 국가 전체를 위해 안타까운 일이다. 현재 전국 소학교(小學校) 교원의 총수는 6만 명이 넘는 것으로 알려져 있으며, 그러나 그 공급은 아직 수요의 절반에도 미치지 못한다고 들었다. 이것은 교육계에 있어서 큰 걱정거리이며, 우리는 이것을 강하게 느끼고 있어, 대일본 사범학회를 설립해, 이 부족분을 보충하고 시급한 교육의 발전을 도모하려고 한다.

- 設立主旨, 明治27(1894)年 8月, 小野友五郎 謹識(『新智識』 2호(1895:1-2))

이에 의하면, 1894년 당시 일본의 초등교육을 담당하는 소학교(小學校) 교원은 6만 명이 넘었지만, 공급이 수요의 절반에도 미치지 못하는 실정이었다. 즉 심각한 교원 부족 현상에 직면한 상황에서 본 학회를 설립하여, 그 부족분을 보충하는 방식으로 문제 해결을 시도한 것이라 볼 수 있는데 식민지 조선의 초등교육 교원 역시 이 기관을 통해 모집되는 사례가 있었음을 [자료 4]에 제시된 선생의 졸업 증서를 통해 확인할 수 있다.

한편 개성 정화여학교에서 교편을 잡고 있던 시절, 선생은 한영서원의 '애국창가집 사건' 혹은 '창가독립운동 사건'의 주역 중 한 사람으로 고초를 겪게 된다. 당시 개성의 한영서원은 윤치호가 교장이었고 이만규가 이 학교의 학감을 맡고 있었다. 이때 한영서원과 호수돈여고의 음악선생이었던 신영순, 정사인(한영서원 음악 선생), 신공량(호수돈여고 음악 선생) 등 11월 동지회 회원들이 주도하여 동만주 지역에서 불리던 〈독립군가〉나 윤치호의 〈애국가〉, 〈조국을 생각하는 노래〉 등 백수십여 곡을 골라 창가집을 만들어서 한영서원과 호수돈여고 학생들에게 배포하여 교육하고 있었다. 1914년 8월에 제1권, 1915년 9월에 제2권을 비밀리에 출판하였다. 그러던 것이 1916년 8월 15일경 개성경찰서 순사에 의해 드러나면서 11월 동지회에 대한 본격적인 검거가 시작되었다. 11월 동지회는 신영순, 백남혁, 정사인, 이경중, 오진세, 이상춘, 오립아, 장용섭, 신공량, 이강래, 윤석월의 11명으로 시작해서 이후 안종화, 최영록이 입회하여 모두 13명으로 구성된 독립운동단체였다.[6] 이들은 1916년 9월경에 대부분 체포되었고 이듬해인 1917년 9월 5일에 불기소로 송치되기까지 약 1년간 고초를 겪었다.[7]

---

[6] 11월 동지회(十一月 冬至會)는 1914년 7월에 신영순 등에 의해 결성되어, 애국, 독립의 내용을 담은 애국 창가로 책자를 만들어 배포함으로써 학생들과 일반 대중들에게 독립정신을 고취시키고자 하였다. 이와 관련한 내용은 『松都學園100年史』(松都中高等學校總同窓會, 2006, 學校法人松都學園, 101~107쪽)에 자세하다. 처음 결성될 당시에 신영순, 정사인, 오립아 등 개성 지역 음악선생들과 이강래 선생 등 11명의 동지들이 모여 비밀결사를 만들었는데 이를 11월 동지회(十一月 冬至會)라고 칭한 것은 '동지회(同志會)'라는 뜻을 감추기 위한 것이었다.

[7] 선생은 자필 이력에 이 부분에 대해 따로 기록을 남기지 않았다. 아마도 음악 선생이었던 신영순, 정사인이나 신공량 등과 달리 창가의 전파에 직접 참여하였다기보다 행정이나 서무 등 주변적인 일을 맡았기 때문에 스스로 내세우기를 꺼렸던 때문인 것으로 보인다. 하지만 1911년~1913년까지 만주와 노령 지역에서 독립운동 세력의 실제를 경험하다 고국으로 돌아온 선생의 이력을 볼 때, 이들 창가집 자료를 국내로 반입해서 11월 동지회(아마도 선생이 귀국한 1913년 11월경에 만들어진 모임인 것으로 추정된다)에 제공한 것에 선생도 한 역할로 가담하지 않았을까 조심스럽게 추정해 본다. 日本外務省記錄 京畿道 警務部報告(秘11876號)의 「不穩者發見處分ノ件」 중 "不逞團關係雜件 朝鮮人ノ部 在內地 一"(1916년 11월 17일)〈國史編纂委員會, 國外抗日運動資料 중〉에 따르면 동간도에서 이경중 목사가 수집, 보관하고 있던 창가를 한영서원 교사 신영순, 이상춘이 제공받은 것으로 알려져 있다. 시기적으로 볼 때, 이상설을 따라 만주와 러시아 지역을 돌며 모색을 하던 이강래 선생이 귀국하면서 이 자료를 국내에 전달한 것으로 볼 수 있다. 이 당시 선생이 국내로 돌아와서 처음 개성에 자리 잡게 된 것은 오랜 친구인 이만규가 개성 한영서원에서 교사로 근무하고 있었던 인연과 관련이 있다.

이 애국창가집에는 〈독립군가〉나 〈애국가〉, 〈조국을 생각하는 노래〉 등 이외에도 〈영웅의 모범〉, 〈구주전란가〉, 〈선죽교〉 등 민족정신을 고취하기 위한 다양한 노랫말들이 실려 있다. 그 단편적인 예로 이 책의 46번째 노래 〈영웅의 모범〉에는 박제상, 석우로, 조헌과 칠백의사, 이순신, 최익현, 안중근 등 대일 항쟁에서 영웅적 행위를 한 여섯 인물의 행적을 고취하고 이를 계승하고자 하는 의식을 심어주기 노랫말을 담고 있다.

제46. 영웅의 모범[8]

1. 닭이 되고 개가 될지언정 왜신이야 될 수 없어 一死를 결심한 朴堤上의 충성은 우리들의 모범일세
2. 왜임금을 家僕으로 삼고 왜왕비를 下婢로 삼아 두고두고 부리겠다 서약한 昔于老의 壯心은 우리들의 모범일세
3. 辱君보다 臣死라 韓山賊 칠 때 赤手空拳으로 적병을 몰살시킨 趙重峯과 그 七百義士의 담략은 우리들의 모범일세
4. 한산도와 영등포에서 거북선을 타고 日艦을 복멸시킨 이순신의

---

8) 〈영웅의 모범〉에 대한 노랫말 문구는 기록마다 조금씩 다르다. 박용규(1994)에서는 북한에서 출간된 박득준의 『조선교육사』(한마당 출판사에서 『조선근대교육사』라는 제목으로 재출간됨)를 인용하여 "한산도와 영등포에서 거북선 타고 일본함선을 복멸시킨 이순신의 전략은 우리들이 모범으로 삼아야 하리"와 같은 형식으로 노랫말을 싣고 있고 김세민(2019)에서는 "계림의 개돼지가 되더라도 일본의 신하가 될 수 없다고 죽음을 택한 박제상의 충성을 우리가 모범으로 해야 한다."의 형식으로 싣고 있다. 이에 앞서 1989년 삼일절 이규태 코너 〈三十三考〉라는 글에서 「영웅의 모범」의 가사로 "닭이 되고 개가 될지언정/왜신이야 될 수 없어/일사(一死)를 결심한 박제상의 충성은/우리들의 모범일세//왜임금을 가복(家僕) 삼고/왜왕비를 하비(下婢)삼아/두고두고 부리겠다 서약한/석간로(昔于老)의 장심(壯心)은/우리들의 모범일세"를 들었다. 현재 이 책자가 전하지 않기 때문에 대략의 내용만이 전하고 있는 것인데 창가의 형식을 고려할 때 아래와 같은 형식으로 불렀을 것으로 보고 노랫말의 구성을 재편하였다. 추후 이 원자료가 발굴되어 정확한 노랫말이 알려지게 되기를 바란다.

韜略(도략)은 우리들의 모범일세

5. 紅衣天降의 장군 좌충우돌 奮迅(분신)하여 쥐와 같은 왜적을 도
   처에서 제거한 곽재우의 용맹은 우리들의 모범일세
6. 의병을 일으켜 싸우다가 對馬에 갇혀 日粟(일속)을 먹지 않고 餓
   死한 최익현의 절개는 우리들의 모범일세
7. 老賊 이또오(伊藤博文)를 노령에서 요격하여 三發三中 사살하고
   대한만세를 부르짖은 안중근의 그 의기는 우리들의 모범일세

『조선일보』에 연재된 이규태 코너 중 〈三十三考〉(1989.3.1.)라는
글에서는 "3·1운동 때 조선총독부 경무국에 압수된 소위 불온문서
가운데 '창가집'이라는 게 있었다."고 하고 그중 가장 많이 불린 〈영
웅의 모범〉의 마지막 구절에 "일어나라 3월 3일 / 우리 임금 국장날에
/ 33 관음보살 삼천리에 응화하시니 / 독립만세 불러서 / 모범된 영웅
이 되어라"라는 내용이 덧붙어 있었음을 증언하고 있다. 그렇다면
개성에서 1914, 1915년경 출간된 『애국창가집』은 '애국창가집 사건'
이후에도 지속적으로 민간에 전파되었고 3·1만세운동 당시(1919.3.1.)
에는 새로운 가사까지 덧붙어서 독립의 의지를 결연히 하는 자료로
활용되고 있었음을 알 수 있다.

이 일 이후, 한영서원(韓英書院)은 일제에 의해 사립송도고등보통
학교로 이름이 개칭되었다. 일제가 학교 이름에 '한(韓)'이라는 이름
이 남아 있는 것을 껄끄러워했기 때문이다. 그 후 2~3년 정화여학교
에서 교편을 잡고 있는 동안에도 선생은 윤치호, 이승훈 등을 중심으
로 하는 기독교 계열의 독립운동 세력들과 함께 다양한 활동을 지속
적으로 조용히 진행하고 있었다.

3·1운동이 일어나기 일주일 전인 1919년 2월 23일경 개성 만월대

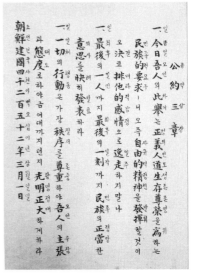

[자료6] 책자 형식의 〈독립선언서〉(단국대 율곡기념도서관 추정문고 소장)[10]

및 북부예배당에서 서울의 거사 계획이 김시환(金智煥) 전도사[9] 등을

9) 개성 남부교회 전도사였던 일천(一泉) 김지환(金智煥, 1892~1972) 선생은 평북 정주에서 출생했고 3·1운동 48인 중 1인으로 은사인 남강 이승훈 선생의 부름을 따라 독립운동에 직접 참여하였다. 개성에서 동지를 규합하여 독립운동을 하였고 파리강화회의에 보내는 의견서 및 미국 대통령에게 보내는 독립청원서와 독립선언서를 중국에 가서 우송하고 귀국 도중 일경에 체포되어 옥고를 치렀다. 이강래 선생과는 배화여학교에서 6년간 같이 봉직하여 친분이 돈독하였다. 김지환 선생은 배화여학교에서 학생들에게 돈독한 신앙과 민족의식을 심어주기 위해 심혈을 기울였던 것으로 알려져 있다. 선생은 신사참배 거부와 학교에서 일어 상용 강요에 저항하다가 당국의 압력으로 교직을 사임하였다. 일본관헌의 창씨개명 강요에도 굴하지 않고 끝까지 우리 이름을 지켰다. 1963년 건국훈장 독립장을 받았고 현재 국립대전현충원 애국지사 묘역에 안장되어 있다.

10) 총 11장으로 구성된 이 〈獨立宣言書〉는 국한 혼용체로 쓰였고 한자의 왼쪽에 작은 글자로 한글 독음을 달아두었다. 기존의 전단지 형식으로 알려진 한 장짜리 〈獨立宣言書〉와는 달리 책자 형식으로 되어 있고 공약삼장 마지막 부분에 민족대표 33인의 명단이 빠져 있다. 첫 장 우측 상단에 이강래 인(印)이 찍혀 있는데 일제 치하에서 소장자를 알 수 없게 하기 위해서 의도적으로 이름을 지웠다.

통해 전달되었는데 이 자리에 추정 이강래 선생 등이 함께 배석하였다. 이후 2월 28일 33인 중 1인인 오화영 목사의 동생 오은영을 통해 송도면의 목사 강조원에게 독립선언서가 전달되었고 강조원 목사는 감리교 남부예배당에서 신공량, 이강래, 오진세, 최중순, 박용하, 손금성, 최규남, 이만규 등을 만나서 처음 독립선언서 배부를 논의하였다.[11] 현재 단국대학교 율곡기념도서관 추정문고에는 초창기 자료로 보이는 책자 형식의 〈독립선언서〉가 보관되어 있다.

이러한 사전 활동의 결과, 선생은 3·1운동이 본격화하던 무렵 선생을 요주의 인물로 관찰하던 일제에 의해 사전 구금되어 실제 개성 지역의 3·1운동에는 참여하지 못했던 것으로 보인다. 선생의 자필 이력에서는 이 무렵 1919년 3월에 개성 경찰서에서 17일간 구금되었다고 기록하고 있다. 구금에서 풀려난 이후에도 이만규의 신문에 증인으로 불려가서 관련 사항에 대해 취조를 당한 일 등이 일제하 조선총독부 신문조서 등에 자세하다.

〈李康來 訊問調書〉
證人: 李康來
大正8年4月26日李萬珪保安法違反被告事件ニ付訊問スルコト左ノ如シ.
問: 住所, 身分, 職業, 氏名, 年齡ハ如何.
答: 京畿道開城郡松都面池町502番地 / 私立貞和女子普通學校教師 / 李康來 / 當35年
問: 被告人 李萬珪ト親族又ハ後見人, 被後見人, 雇人, 同居等ノ關

---

11) 이와 관련한 자세한 사정은 朝鮮總督府 「李康來 訊問調書(證人)」(『韓民族獨立運動史資料集』 13권, 1990.) 등을 참조할 것.

係ナキヤ.

答: 李萬珪ノ出生地江原道原州郡二居住シタコトガアリマスノデ知
己デアリマス.

茲二於テ李萬珪保安法違反被告事件二付證人トシテ訊問スル旨ヲ
告ク.(以下 省略)

(증인: 이강래

1919년 4월 25일 이만규 보안법 위반 피고사건에 붙여 신문함이 아
래와 같다.

문: 주소, 신분, 직업, 이름, 연령은 무엇인가.

답: 경기도 개성군 송도면 지정 502번지 / 사립 정화여자보통학교
교사 / 이강래 / 현재 35세.

문: 피고인 이만규와 친족 또는 후견인, 피후견인, 고용인, 동거인
등 관계는?

답: 李萬珪의 출생지인 江原道 原州郡에 거주한 사실이 있을 뿐이
어서 친구지간이다.

이때에 李萬珪의 보안법 위반 피고사건에 관하여 증인으로 신문할
뜻을 알리다.(이하 생략))

[자료7] 일제하 삼일 만세운동 당시 조선총독부 이강래 신문조서 내용 일부

한편 추정 선생은 3·1운동의 분위기가 가라앉고 형식적으로나마
일제가 유화 국면으로 돌아서던 무렵 개성 지역의 〈고려청년회〉 창
립이나 〈조선노동공제회 개성지회〉 창립에 참여하는 등 활발하게 사
회 활동을 진행하였다. 관련 기사를 보면 다음과 같다.

"〈고려청년회창립〉 (1920년 6월) 12일 오후2시부터 황중현씨 외 10
여인의 발기로 사립정화여자보통학교 내에 개성청년회 창립총회를

개최하였는데… 회장은 조용환씨로 총무는 황중현씨로, 의사장은 김정호씨로, 의사는 최중한, 최인용, 원홍구, 김기영, 이강래, 전일영, 김흥조, 이희진, 김한욱, 이영구 제씨. 서무부장은 신공량씨, 부원은 …(생략)… 학예부장은 이만규씨로 부원은 …(생략)… 회의 명칭을 〈고려청년회〉로 개정하고 同七時에 폐회하얏더라."

- 동아일보, 1920.6.16.(4면) 밑줄 필자

"〈조선노동공제회 개성지회〉 조선노동공제회 개성지회 임원은 회장 김기하, 총간사 최중한, 의사장 양석도가 선임됐고, 의사로는 김정호, 이희진, 조용환, 김흥조, 이만규, 최인용, 박봉진, 임한중, 김정혜, 윤도나, 간사에는 박이양, 이강호, 이훈, 이순규, 이덕훈, 오경옥, 이강래, 이만실, 우종호, 원홍구, 김지영, 신공량, 이영구, 김기태, 김정기가 선출됐다."

- 동아일보, 1920.6.19.(4면) 밑줄 필자

[사진3] 개성 시절, 처음 송도고등보통학교 교원으로 부임했을 무렵
(앞줄 왼쪽 두 번째가 이강래 선생, 오른쪽 두 번째가 이만규 선생)

선생은 이 해 1920년 9월 30일에 정화여학교를 그만두고 1920년 10월 1일 자로 한영서원의 후신인 사립 송도고등보통학교에 정식 교원으로 자리 잡으면서 한동안 개성 지역에서 활동을 계속하게 된다.

[사진 4] 개성 시절, 송도고등보통학교 동료 교원들과 함께
(뒷줄 오른쪽에서 두 번째가 이강래 선생, 세 번째가 이만규 선생)

선생은 이 무렵이 되어서야 오랜 객지 생활과 감시의 생활에서 벗어나 상대적으로 안정된 생활을 하게 된 것으로 보인다. 선생의 사진 자료 중 이 시기 자료가 가장 많이 남겨진 이유이기도 하다.

[사진 5-6] 개성 송도고등보통학교 시절 선죽교와 회경전 앞에서 동료 교원들과 찍은 사진
(위 사진의 왼쪽 두 번째, 아래 사진의 맨 오른쪽이 이강래 선생, 왼쪽 두 번째가 이만규 선생)

[사진7] 1924년 3월 개성 송도고등보통학교 제5회 졸업식(아래에서 두 번째 줄 오른쪽에서 다섯 번째 이강래 선생, 아랫줄 오른쪽에서 네 번째 이만규 선생, 여덟 번째 윤치호 선생)

[사진8] 개성 송도고등보통학교 교원들과의 단체사진
(아랫줄 오른쪽 두 번째가 이강래 선생, 윗줄 맨 왼쪽이 이만규 선생)

이와 관련하여 선생의 둘째 딸 이용진은 회고문에 다음과 같은 기록을 남기기도 하였다.

"忠州에서 江原道 艮峴으로 이사하시어 사시는데 아버지께서는 客地로만 다니시고 고모님은 출가하시고(충주에서) 내 형님 容完氏가 己未生(1919)이신데 세 살때[12) 아버지께서 집에 오시니 우리 조부께서 "저게 네 애비다"라고 이르시니 내 형님이 처음 보는 아버지가 이상해서 부엌에 계신 어머니께 "저 사람이 아버지야?"라고 물었다고 한다. 己未만세 때에도 가만히 계시지 않으셨을 아버지가 고생하시다가 시골로 내려오셨던가 싶다. 그때에야 父女 첫 상봉을 하신 것이었다는 어머니의 말씀이셨다. 그들에게는 주의인물이기에 무슨 일이 있으면 구금을 당하셨던 것 같다. 여러 차례 잡히셨다 나오셨다 하셨다고 들었다."

송도고등보통학교에서 선생이 담당한 강좌는 조선어였을 터인데 당시 이 학교의 조선어는 이상춘[13) 선생이 담당하고 있었다. 선생의

---

12) 1921년경으로 추정된다.
13) 백야(白夜) 이상춘(李常春, 1882~?) : 개성 출신. 한영서원을 졸업한 뒤 한영서원, 송도고보, 루씨여고보의 교원으로 재직하여 조선어와 조선 역사를 가르쳤으며 개성고 등여학교 교장을 지냈다. 주시경이 개설한 조선어 강습회에 자주 참석하였고 1920년부터 단독으로 우리말 어휘를 수집하기 시작하여 1929년 9만 9천여 어휘를 원고에 정리하여 이 원고의 전부를 조선어사전편찬회에 제공하였다. 조선어연구회와 조선어학회 회원, 조선어사전편찬회의 발기인, 위원이 되었다. 1929년 7월 평양 기독교청년회가 주최한 한글 강좌에 강사로 활약하였고 1931년과 1932년 동아일보사가 주최하고 조선어학회가 후원한 제1회, 제2회 조선어강습회에 강사로 활동하였다. 1933년 개성에서 열린 한글맞춤법통일안 제1독회에 제정 위원으로 참여하였고 같은 해 화계사에서 열린 한글맞춤법통일안 제2독회 회의에도 참여하였다. 저서로 『조선어문법』(1925), 『국어문법』(1946), 『주해 용비어천가』(1946), 『조선옛말사전』(1949) 등이 있다.

소장 자료 중에는 필사본과 철필 등사본으로 된 강의 노트가 남겨져 있는데 내용 중 일부는 이상춘 선생의 『조선어문법』(1925)의 내용과 유사하지만 중간 이후에는 다른 자료에서 확인되지 않는 새로운 내용들이 섞여 있다. 필사본 강의안 중 일부에는 자필 교정 내용들이 포함되어 있는 것을 볼 때, 처음 강의안을 만들 때 이상춘 선생의 자료를 활용하되 이강래 선생의 개인 의견을 첨입하여 새롭게 구성한 것으로 이해해 볼 수 있다.[14]

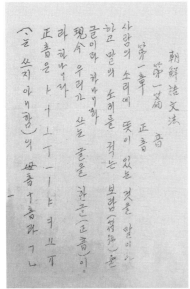

[자료 8] 철필 등사본 〈조선어문법〉 부분
(단국대 율곡기념도서관 추정문고 소장)

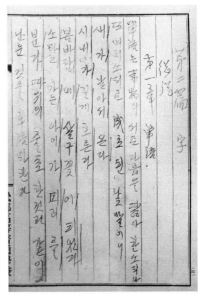

[자료 9] 필사본 〈조선어문법〉 부분
(단국대 율곡기념도서관 추정문고 소장)

14) 이에 대해서는 추후 꼼꼼한 대조, 대비를 통한 계통적 연구가 필요하다.

선생은 개성 송도고등보통학교 교원으로 약 7년간 재직하면서 송도의 교육자로서 호수돈여자보통학교 후원회 활동 등 다양한 활동을 계속하였다.

[사진9] 1926년 7월 호수돈여자보통학교 후원회(아랫줄 왼쪽에서 세 번째가 이강래 선생)

선생은 1927년 4월 1일 자로 배화여자보통학교의 교원이 되면서 서울 생활을 시작하였다. 선생이 본격적으로 한글 연구 및 한글 보급 활동에 뛰어든 것은 바로 이 무렵인 1927년 12월 20일에 조선어연구회(한글학회의 전신)에 입회하면서부터이다.

선생이 서울에서 배화여자보통학교의 교원으로 있던 1927~1933년까지의 기간은 조선어학회에서 〈한글맞춤법통일안〉과 〈표준어 사

[사진10] 1930년 배화여자보통학교 5회 졸업식
(맨 뒷줄 가운데 검은 두루마기가 이강래 선생, 이강래 선생 오른쪽이 이만규 선생)

[사진11] 1933년 배화여자보통학교 8회 졸업식
(맨 앞줄 가운데 흰 두루마기가 이강래 선생, 이강래 선생 오른쪽이 장대인 선생)

정안〉을 만들기 위해 갖은 노력을 기울이고 있던 무렵이다.

이 무렵 선생은 조선어연구회(이후 조선어학회로 개칭) 총회에 참가
하여 '한글 맞춤법의 통일안을 제정 결의'(1930.12.13.)하는 과정이나
조선어학회의 기관지인『한글』창간에 참여하는(1932.5.1.) 등 조선어
학회의 여러 선생들과 함께 적극적으로 한글 정리 사업과 한글 보급
사업에 임하였다.[15)]

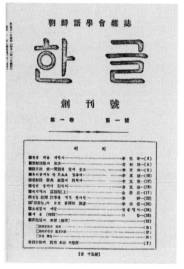

[자료 10] 조선어학회 잡지
『한글』창간호(1932.5.)[16)]

[자료 11] 한글마춤법통일안(1933.10.)

15) 조선어연구회는 주시경 선생이 창립한 국어연구학회(1908.8.)의 뒤를 이어 1919년에
   조직되어 조선어 연구와 강연회, 강습회 개최, 회보 발행 등 업무를 진행하고 1931년에
   조선어학회로 개칭하였다.
16) 이 창간호(1932.5.)에 실려 있는 조선어학회 회원은 '권덕규, 김극배, 김기홍, 김선기,
   김영건, 김윤경, 김재희, 김해윤, 신명균, 심의린, 이갑, 이강래, 이극로, 이만규, 이병
   기, 이상춘, 이승규, 이윤재, 이제혁, 이호성, 이희승, 장지영, 정열모, 정인섭, 최현배'
   등 총 25명이다.

이와 같이 한글의 〈맞춤법 원안(原案)〉(1932.12.)이 2개년간의 심의(審議)를 통해 결정되고 이듬해인 1933년 10월에 〈한글맞춤법통일안〉이라는 이름으로 완성되었는데 이 해 초에 선생은 배화여자보통학교를 사임하고 개성의 송도고등보통학교로 전임(轉任)하였다. 줄곧 송도고등보통학교에서 조선어 강좌를 맡고 있던 이상춘 선생이 원산(元山)에 있는 루씨(樓氏)여자고등보통학교로 옮기고 이에 맞춰 이강래 선생이 송도고등보통학교로 옮긴 것이다.(1933.4.1.)

추정 선생이 개성 송도고등보통학교에 교원으로 재임하던 1933년~1936년까지의 3년간은 추정 선생이 조선어학회 학술지 『한글』의 출간과 〈한글맞춤법통일안〉 작성에 참여한 경험을 바탕으로 한글 보급 운동에서 가장 두각을 나타내던 무렵이다. 1930년 12월부터 기획된 〈한글맞춤법통일안〉은 1933년 10월 29일(당시의 한글날)에 한글 반포 487돌을 기념하여 정식으로 발표되었다.

선생은 이 〈한글맞춤법통일안〉을 바탕으로 1934년 2월에는 개성 동부보통학교에서 한글 강습 지도를 맡았고, 개성시의 유지들이 발기하고 진행하여 개성 송도고등보통학교에서 개최된 조선어학회 주최 '춘기 한글 강습회'의 강사로도 활약하였다.

[자료12] 1934년 5월호 『한글』 14면[17]

선생은 1934년에도 7월~9월까지 황해도 신천, 안악 등지를 순회
하며 동아일보사가 주최하고 조선어학회가 후원한 제3회 조선어 순
회 강습회에 강사로 참여하고 한글 계몽과 방언을 조사하기로 하였
는데, 이 해에도 보기 드문 삼남 지방의 대수재를 핑계로 당시 총독
부 경무국 당국이 조선어 순회 강습회의 개최를 제지하였지만 이강
래 선생을 포함한 조선어 강습회의 강사들은 조금도 굴하지 않고 예
정대로 전국 순회 한글 강연을 강행하였다. [18]

---

17) 〈한글신문〉란에 실린 이 기사에서는 '개성에도 한글 강습/강습원이 二백여 명'이라는
    제하(題下)에 "춘기 하계 방학을 이용하여 개성부(開城府) 유지의 발기로 한글 강습회
    를 열고 송도고등보통학교의 조선어 선생 이강래 씨를 초청하여 二회나 강습회를 지도
    하게 하였는데, 강습원은 전후 二백여 명으로, 처음 있는 대성황을 이루었다"고 하였다.
18) 동아일보사가 주최하고 조선어학회가 후원한 제3회 조선어 순회 강습회와 관련해서는
    기록에 따라 차이를 보인다. 이 조선어 순회 강습회는 1931년부터 해마다 실시되다가
    1935년 일제에 의해 강제 금지된 것으로 알려져 있는데 실제로는 3회까지만 운영되었
    다. 문제는 제3회 조선어 순회 강습회에 대한 기록이 문건마다 다르다는 것이다. 당시
    조선어학회 잡지인 『한글』의 기사를 통해 볼 때, 1933년에는 조선어학회가 한글맞춤
    법의 제정에 온 힘을 기울이고 있었기 때문에 조선어 순회 강습회에 신경을 쓸 겨를이
    없었던 듯하고 『한글』 1934년 7월호 〈한글신문〉란에 제3회 조선어 순회 강습회가 중
    요 도시 마흔 곳에서 일제 개강한다는 기사가 올라 있지만 『한글』 1934년 9월호 〈한글
    신문〉란에는 이 제3회 강습회가 조선 50여 처에서 개최하기로 준비 중이었으나 삼남
    대수재와 기타 관계로 부득이 전부 중지하게 되어 일반에 유감을 끼치게 되었다는
    기사가 실려 있다. 그런데 『한글학회 50년사』(1971, 한글학회, 326~329쪽)에서는 '제
    3회 조선어 강습회'에 대하여 제4회 행사를 위한 격려 특집호인 『한글』 제2권 제3호에
    서 제3회 때까지의 실적 통계가 있을 뿐, 제3회의 자료를 발견하지 못한 탓으로 제3회
    의 구체적 내용을 기록할 수 없다 하였고 '제4회 조선어 강습회'라는 제목 아래 1934년
    6월 임시 총회에서 권덕규, 이만규, 이병기, 신명균, 김병제, 이극로, 김윤경, 이강래,
    최현배, 이희승, 이윤재 등 11명의 회원을 강사로 선정하고 여름 방학을 기하여 전국
    40곳에서 제3회 조선어 강습회를 계획하였는데 당시 총독부 경무국 당국이 조선 사람
    들의 단결 촉구와 개화 문명이 촉진되는 것을 두려워하여 때마침 있은 삼남 지방의
    큰 수재를 핑계 삼아 제지했으나 강사들은 조금도 굴하지 않고, 예정대로 전국 순회
    한글 강연을 하였다고 기록하고 있으며 『한글학회 100년사』(2009, 한글학회, 164~
    165쪽)에서는 '제3회 조선어 강습회는 열지 못함'이라는 제하에 "1933년 여름에는 일찍
    부터 밀어닥친 영남 지방의 수재와 내부적으로 조선어철자법 제정의 막바지 작업이

이 해 12월에는 '조선표준어(朝鮮標準語)'를 제정하기 위한 자료 수집과 방언 조사를 완료하여(선생은 충북 지역 사정 위원으로 참여함) '표준어사정위원회'를 구성하고 이를 심의하는 한편 조선어 사전의 편찬에 착수하기로 결정하는 데 여러 조선어학회 회원들과 함께 하였다.

권덕규(경기, 중동학교) 김극배(경북, 이화여고보)
김병제(경북, 배재고보) 김창제(충남, 이화여고보)
김윤경(경기, 배화여고보) 김형기(전북, 경신고보)
문세영(경성, 저술) 박현식(평남, 중동학교)
방신영(경성, 이화여전) 방종현(평북, 경성제대 대학원)
백낙준(평북, 연희전문) 서항석(함남, 동아일보사)
신명균(경성, 중앙인서관) 신윤국(황해, 가사)
안재홍(경기, 저술) 윤복영(경성, 협성보통학교)
이갑(경기, 동아일보사) **이강래(충북, 송도고보)**
이극로(경남, 조선어사전편찬회) 이기윤(함남, 외국어학원)
이만규(강원, 배화여고보) 이명칠(경성, 저술)
이병기(전북, 휘문고보) 이세정(경성, 진명여고보)
이숙종(경성, 경성여상) 이운용(경성, 연희전문)
이윤재(경남, 한글사) 이탁(경기, 정주 오산고보)

겹쳐서 강습회를 열지 못하였다. 1934년에는 … 그 해에도 보기 드문 삼남 지방의 대수재와 그 밖의 다른 일로 모든 일정을 중단하고야 말았다"고 하여 차이를 보인다. 각 기록들의 내용을 종합해 보면 1933년에는 조선어철자법(즉 한글맞춤법) 제정의 문제로 조선어 강습회가 개최되지 못했고 1934년에 제1회(1931년), 제2회(1932년)에 이어 제3회 조선어 강습회가 계획되었으나 총독부 경무국에서 삼남 지방의 수재를 핑계 삼아 제지하였고 그럼에도 불구하고 이강래 선생을 포함한 조선어학회 강사들은 이에 굴하지 않고 예정대로 전국 순회 한글 강연을 하였다. 다만 당시 『한글』 1934년 9월호에서는 공식적으로는 이 강연회가 개최되지 못하여 유감임을 밝히면서 개최 예정지가 40곳이 아니라 50여 곳이라고 기록함으로써 실제 개최된 곳과 그렇지 않은 곳이 있다는 식으로 논란을 피해 가려고 하였음을 짐작해 볼 수 있다.

[사진12] 1936년 7월 31일 표준어사정위원회 제3독회
(뒤에서 두 번째 줄 맨 오른쪽이 이강래 선생)

[사진13] 1935년 1월 4일 표준어사정위원회 제1독회, 온양 온천장
(앞줄 오른쪽 두 번째가 이강래 선생)

이태준(강원, 조선중앙일보사)   이호성(경기, 수송보통학교)

이희승(경기, 이화여전)   장지영(경성, 양정고보)

전필순(경기, 기독신보사)   정열모(충북, 김천고보)

정인섭(경남, 연희전문)   차상찬(강원, 개벽사)

최현배(경남, 연희전문)   한징(경성, 가사)

함대훈(황해, 조선일보사)   홍애스터(경기, 조선일보사)

[자료 13] 표준어사정위원회 명단

이어서 1935년 1월 2일부터 6일까지 충청도 온양에서 조선어 표준어사정위원회의 사정위원(충청위원)으로 온양에서 열린 제1독회에 출석하여 토의에 참여하였는데, 선생이 충청위원으로 위촉된 것은 선생의 출생지가 충청북도 충주군이었던 점이 고려된 것으로 보인다.

1935년 8월 5일~8월 9일에도 조선어 표준어사정위원회의 사정위원(충북위원, 송도고보 소속)으로 서울 우이동 봉황각에서 열린 제2독회에 출석하여 표준어를 제정하는 토의에 적극적으로 참여하였고 이듬해인 1936년 7월 30일~8월 1일까지 조선어 표준어사정위원회의 사정위원으로 인천 제일공립보통학교 강당에서 열린 제3독회(최종회의, 오전 9시~오후 10시)에 출석하여 토의에 참여하고 최종 수정 위원 11인(文世榮, 尹福榮, 李康來, 李克魯, 李萬珪, 李允宰, 李重華, 李熙昇, 張志暎, 鄭寅承, 崔鉉培) 중 1인으로서 약 3년 동안 이어 온 조선어 표준어 사정의 최종 마무리 정리 작업에 참여하여 표준어 3,001개의 목록을 확정하여 이후 조선어의 통일에 결정적인 기여를 하였다.

선생은 1936년 4월 1일부터 다시 서울로 돌아와서 배화여자고등보통학교 교원으로 피임되었다. 1937년 5월 20일에서 5월 26일까지 1주일에 걸쳐, 학생들과 금강산을 탐방하면서 작성한 〈금강산여행향

[사진14] 1937년 5월 금강산 탐승 기념사진 1 (오른쪽 끝이 이강래 선생)

[사진15] 금강산 탐승 기념사진 2
(왼쪽 끝이 이강래 선생)

도기(金剛山旅行嚮導記)〉는 이 방면의 소중한 기록물이기도 하다. 이
만규 선생이 단장 및 감독을 겸무하였고 이강래 선생이 회계를 맡았
다. 자료집 곳곳에 시조가 기록되어 있는데 정황상 이강래 선생의
소작(所作)인 것으로 추정된다.

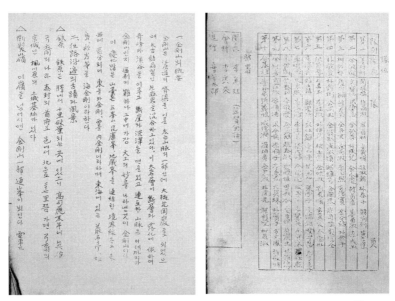

[자료14] 1937년 5월 금강산여행향도기(단국대 율곡기념도서관 추정문고 소장)[19]

---

19) 〈금강산여행향도기〉는 표지(겉장) 2장, 여정 지도 1장, 금강산 개요 및 안내 12장,
일정 및 구성원 명단 3장, 주의사항 1장, 총 19매로 이루어져 있다. 총 12장에 달하는
금강산 개요 및 안내에는 철원, 단발령, 탑거리, 장안사, 명경대, 마의태자성, 명연,
삼불암, 백화암, 표훈사, 정양사, 금강문, 청학대, 만폭동, 영아지, 보덕굴, 팔담, 분설
담, 진주담, 귀담, 팔담, 백운대, 묘길상, 비로봉, 용마석, 구성동, 구만물상, 신만물
상, 오만물상, 한하계, 감로수, 신계사, 옥류동, 연주담, 비봉폭, 무봉폭, 수렴폭, 구룡
폭, 상팔담, 삼일포, 해금강, 장전항, 총석정 및 귀로에 대해 설명을 달고 이 중 명경대,
마의태자성, 만폭동, 팔담, 비로봉, 신만물상, 옥류동, 구룡폭, 총석정 및 귀로에 대해
서는 따로 시조를 곁들여 감상을 정리해 둔 것을 볼 때, 사전에 금강산을 답사한 후에
자료를 준비하여 제공한 것으로 보인다.

이 무렵 추정 선생은 배화고등여학교의 교사로 재직하는 한편 조선어학회 도서부의 7대 간사를 맡아 2년간 맡은 바 역할을 다하던 중이었다. 이때는 또한 배화고등여학교와 인연이 깊은 종교교회에 출석하면서 선생의 신앙 활동이 깊어지던 무렵이기도 하다.

하지만 선생은 이듬해인 1938년 7월 5일 이른바 '흥업구락부 사건'으로 서대문경찰서에 치안유지법 위반 혐의로 구금되었다가 풀려나면서 일제의 강제에 의해 이 학교의 교사직을 사퇴하게 된다.

조선총독부 고등법원검사국사상부(高等法院檢事局思想部)의 흥업구락부 사건 보고서인 〈同志會及興業俱樂部の眞相〉에서는 이미 이 무렵 민족주의 교육의 온상인 사립학교 중 배화고등여학교의 교사 이강래 선생과 이만규 선생, 조정환 선생 등을 연희전문의 유억겸, 최현배나 경신중학교의 안재홍, 중앙중학교 최두선, 보성중학교 정대현, 배재중학교 신흥우, 김영섭, 이화여학교 유억겸, 윤치호 등과 함께 요주의 인물로 분류하고 있었다.

종래 총독정치에 소극적 반항을 해오면서 민족주의 의식이 농후한 단체로 조선물산장려회(유성준, 오화영), 신간회(이상재, 이관영, 유억겸), 소년척후단조선연맹(윤치호, 유억겸, 신흥우, 구자옥), 조선체육회(윤치호, 유억겸), 조선교육협회(이상재, 유성준), 청구회(구자옥, 신흥우, 안재홍), 조선어학회(이만규, 최현배)를 꼽았고 그 단체의 간부는 거의 흥업구락부원이었다고 하였다. 또한 조선에서 사립학교는 민족주의의 온상이었는데, 연희전문학교(유억겸, 이춘호, 홍승국, 최현배, 백남석, 조정환), 경신중학교(안재홍), 배화고등여학교(이강래, 이만규, 조정환), 중앙중학교(최두선), 보성중학교(정대현), 배재중학교(신흥우, 김영섭), 이화여학교(유억겸, 신흥우, 윤치호, 김영섭) 등

[사진16] 1930년대 말 배화고등여학교 교직원(뒷줄 맨 오른쪽이 이강래 선생)

[사진17] 연대와 장소 미상(오른쪽 끝이 이강래 선생)

에 흥업구락부원이 교수 또는 경영자로 참여하고 있다. …

- 朝鮮總都府 高等法院檢事局思想部, 〈同志會及興業俱樂部の眞相〉(1938) 중에서

이 무렵의 배화고등여학교에서의 일화가『육영수여사(陸英修女史)』(1976, 박목월 저)에 실려 있다. 다음은 육영수 여사가 배화고녀에 입학하여 1학년이던 1938년의 경험담을 담은 〈영어/A의 시간〉이라는 제목의 글의 일부이다.

〈영어/A〉의 시간

영수 학생이 입학한 그해 신학기부터 〈조선어과목〉이 폐지되고, 실업과목으로 대치되었다. 조선어 말살정책을 세운 일제는 일어상용을 강요하였던 것이다. 교사들의 수업용어도 일어로 바뀌고 학생들에게는 교실이나 가정에서도 일어를 사용하도록 강요하였다. 학생들은 옷저고리 앞섶에 〈일어상용〉(당시는 이른바 국어상용이었지만)의 딱지를 붙이고 다녔다. 공립학교에서는 만일 우리말을 쓰다가 적발되면 조행(操行)을 병(丙)으로 매겨 낙제를 시키곤 하였다.

어느 날, 영수 학생이 등교하자,

-이 강래(李康來) 선생님이 잡혀갔대.

상급반 학생들이 수군거렸다. 이선생은 원래 조선어 과목을 담당하였으나, 그것이 폐지되자 한문과 붓글씨를 지도하고 있었다.

-동우회(同友會) 사건일까?

-글세.

-김 윤경(金允經) 선생님과 손을 잡으셨을까?

영수 학생은 이 강래 선생도 김 윤경 선생도 동우회 사건도 몰랐다. 직접 배움을 받지 않았기 때문이다. 그럼에도 이상하게 불안했다. 학교에는 긴장감이 감돌고, 학우들은 서로 귀띔을 해주고 수군거리고 술렁거렸다. 영문을 몰랐으나, 심상한 일이 아님을 직감하였다. 한반

친구들도 서로 우리말로 숙덕거리며 이야기를 하다가도 다지마 선생
(일인 여교사)이 나타나면,

－쉿!

친구의 옆구리를 찌르며 입을 다물었다. 영수 학생도 까닭 모르게
얼굴빛이 굳어졌다. 이 막연하고 긴장된 분위기가 어린 영수 학생에
게 차차로 구체적인 형체로 잡히게 되었다. 특히 충격적인 것은 수업
시간에 선생님들이 수업을 중단하고, 한국 역사나 한국어(당시는 조
선어) 등을 가르쳐 주는 일이었다.

－다 조용하게 이야기를 들어요. 한국 사람이면 누구나 우리 역사를
배워 둬야 합니다.

선생님이 말씀하면 모든 학생들은 금방 긴장해지고, 교실 안은 물
을 끼얹은 것처럼 정숙해졌다. 맨 앞줄에 앉아 있는 〈4번 육 영수〉
학생도 허리를 곧게 펴고 자세를 바로잡았다. 영어나 수학을 배울 때
와는 다른 긴장감에 사로잡혔다. 그것은 학문 이상의 것을 배운다는
엄숙감이 들기 때문이었다. 그러나 교실 밖에 사람 그림자가 얼씬하
면 선생의 음성은 돌변하여 서툰 일어로,

－아, 그럼 이 문제는…

엉뚱하게 교과서의 내용을 들먹거리며 책을 펴 들었다. 영수 학생
도 이 상태가 무엇을 뜻하는지 헤아릴 수 있을 만큼 성장해 있었다.

〈나〉라는 것보다는 한결 높은 차원의 아늑한 둘레에 생각이 미치게
되고, 우리 겨레가 처한 현실에 눈을 돌리게 되었다. 학교 당국에서도
한국 역사나 조선어를 가르치는 시간을 〈영어/A〉 이런 식의 암호적
부호로써 수업 시간을 편성하였다. 영어시간 중에 조선 역사를 가르
친다는 뜻이다.   －『陸英修女史』, 1976, 朴木月 著, 46~47쪽 중에서[20]

---

20) 육영수와 박목월의 인연도 유난히 시를 좋아했던 육영수가 청와대를 통해 박목월에게
   강의를 요청하면서부터 맺어진 것으로 알려져 있다. 1963년 11월부터 박목월은 육영수
   에게 시를 가르쳤고 그 후 육영수가 어려운 시인들의 형편을 살펴 한국시인협회가

이 기록을 통해 이강래 선생의 배화고등여학교 시절의 일상을 재구성해 볼 수 있다. 1937년 중일전쟁 발발 시점에 일본 제국은 본격적인 전쟁 체제를 조성하기 위해 양심적 지식인 및 부르주아 집단을 포섭하기 위해 수양동우회와 흥업구락부 등 민족 단체를 표적 수사하게 된다. 먼저 1937년 6월부터 수양동우회의 주요 회원들이 검거되기 시작하여 6월 6일부터 8월 10일까지 경성지회 회원 및 경기도지회 회원 55명, 11월 평양선천지회 회원 93명, 1938년 3월 안악지회 회원 33명 등 총 183명이 체포되어 결국 수양동우회가 강제 해산되기에 이른다.

이를 계기로 일제는 제3차 조선교육령을 공포하여 1938년 3월부터 모든 교육 기관에서 일본어·일본사·수신·체육 등의 교과 교육을 강화하고 이와 함께 학교 교육에서 조선어를 폐지하는 등 황국신민화 교육에 박차를 가하였다. 조선어가 폐지되자 배화고등여학교에서 조선어를 담당하던 이강래 선생은 표면적으로는 부득이 한문과 붓글씨 등을 지도하는 것으로 교사생활을 이어가고 있었으나 실상은 〈영어/A〉, 〈수학/B〉와 같은 암호적 부호로서 대한제국의 역사와 조선어를 가르치고 있었던 것이다.

이와 같이 살얼음 같은 상황에서도 조선어 교육을 그치지 않으려는 배화고등여학교 당국과 이강래 선생을 포함한 조선어 교사들의 굳은 의지와 함께 학생들 역시 암묵적으로 이러한 상황에 동의하며 수업을 받고 있었음을 알 수 있는 대목이다.

펴낸 『오늘의 한국시인집』을 지원한 것은 공공연한 비밀이다. 육영수가 1974년 비극적으로 삶을 마친 이후 쓰여진 이 책은 자서전적 성격의 평전으로 박목월에 의해 개작 혹은 조정된 내용이라기보다는 육영수의 경험과 기억을 바탕으로 작성된 내용을 온전하게 담은 것으로 보아야 할 것이다.

이 시기의 또 다른 일화가 선생의 둘째 딸 이용진 님의 회고문에 다음과 같이 기록되어 있다.

> 내가 女高 二學年 二學期 때 漢文을 가르치시던 金允經 先生님이 갑자기 결근을 하시어 이상하게 생각했더니 구금되셨다고 했고 三學年 올라가서 二, 三 個月 되었을까 하루는 학교에서 집에 돌아오니 아버지께서 서가에서 무엇인가를 골라 아궁이에 불을 붙이시고 어머니의 안색도 전 같지 않아 이상하게만 생각했더니 그 이튿날 학교에서 돌아오니 가택 수색이 있었고 아버지께서는 서대문서로 구금되시었단다. 날씨는 점점 더워지고 내 형님이 西大門서로 아버지의 고의적삼과 고무신을 차입시켜 드리고 사식을 들여보내 드리러 다니며 날마다 지금의 赤十字병원 건너편 의주로나 병원 안에 들어가 취조받으러 나가시고 들어오시는 아버지를 뵈우러 다니던 일, 나도 가끔 가서 기다리다 창백한 아버지 모습을 뵈온 일들이 활동사진과 같다.
>
> - 이용진 "내 아버지 秋汀 李 康(字)來(字) 先生님" 숭에서

'애국창가집 사건'(1916~1917), '3·1운동'(1919), '흥업구락부 사건'(1938) 등을 거치면서 이와 같이 여러 차례 일제에 가택 압수 수색을 경험했기 때문인지 이강래 선생과 관련된 초기 자료는 거의 남아 있지 않거나 겉장이 상당 부분 뜯겨 나간 채 남겨져 있어서 서지사항 등을 온전하게 알 수 있는 것이 많지 않다. 특히 개인 기록과 관련한 것이나 다른 인물들과의 교류에 대한 내용이 거의 남아 있지 않은데 위 이용진 님의 기록에서 알 수 있듯이 구금을 앞두고 문제가 될 내용은 스스로 골라서 아궁이에서 불 태워 없애는 일이 잦았기 때문에 오늘날 이강래 선생의 삶을 복구해 내는 일이 쉽지 않다.

선생은 약 두 달간 구금되어 있다가 같은 해 9월 3일 기소유예 판

결을 받아 석방되었다. '흥업구락부 사건' 이후 일제 보호관찰소의 지시에 의해 일괄 사표를 내는 형식으로 1939년 3월 1일 자로 배화고등여학교의 교원직을 강제로 사직당하게 되어 실직하게 되었다.

실직 후에 한동안 선생은 『조선말 큰사전』 편찬의 실무 제1기 조선어학회 간사의 1인으로서 조선어학회 일에만 전념하면서 국어사전 편찬과 학회의 운영에 몰두하고 있었다. 그러던 무렵, 함흥 영생여고 여학생의 일기 속 '국어'라는 말의 용처와 관련한 일을 빌미로 이 학교의 영어 교사로 있다가 조선어학회 사전편찬실의 사전편찬원으로 일하고 있던 정태진이 함흥으로 끌려가 혹독한 고문 끝에 이른바 '조선어학회 사건'이 발발하게 된다.

1942년 10월 1일에는 이중화, 이윤재, 이극로, 최현배, 김윤경, 장지영, 이희승, 정인승, 한징, 권승욱, 이석린 등 11명이 1차 검거되었고 10월 21일에 이강래(李康來) 선생 등이 서울에서 검거되어 함경도 홍원경찰서 유치장에 수감되게 된다. 이때 선생과 함께 수감된 사람은 이병기(李秉岐), 김선기(金善琪), 이만규(李萬珪), 정열모(鄭烈模), 김법린(金法麟), 이우식(李祐植) 등 7명이다. 선생은 이 사건으로 함흥 감옥에서 복역하다가 김윤경, 김선기, 정인섭, 이병기, 윤병호, 서승효, 이은상, 서민호, 이만규, 권승욱, 이석린 등과 함께 기소유예 처분을 받아 법정 구속만기일인 1943년 9월 18일에 석방되었다.

옥고를 치르던 중, 이윤재는 1943년 12월 8일에, 한징은 1944년 2월 22일에 갖은 고문과 굶주림 끝에 비참하게 세상을 떠났고 이극로 6년, 최현배 4년, 이희승 2년 6개월, 정인승, 정태진 각 2년의 실형을 선고받았다. 김법린 등 6명은 1945년 1월 16일에 징역 2년에 집행유예 3년을 선고받고 함흥형무소에서 풀려났고 실형을 선고받은 이들은 1945년 8월 13일에 판결이 확정되었다가 8월 15일 해방이 되면서 8월 17일에 함흥형무소에서 풀려나서 서울로 돌아왔다.

이강래 선생은 1943년 9월 18일에 기소유예로 풀려난 이후 1943년 9월 20일부터 충북 제천군 백운면 평동으로 와서 은거하며 지냈다. 어떤 인연으로 제천 백운면 평동에서 은거하게 되었는지는 분명하지 않지만 선생은 제천 평동에서 1년 반 정도의 시간을 보내며 지역의 문인들과 교류하며 지내다가 1945년 음력 2월(양력 4월)에 배화여중의 교사직으로 임명되면서 서울로 옮겨와서 조선어학회 재건에 힘쓰던 중에 해방을 맞이하였다.

해방 직후 우리 민족의 최대 과제는 잃어버린 민족적 자존감을 되찾는 일이었다. 이 시기 국어 회복 운동은 조선어학회를 중심으로 뿔뿔이 흩어진 조선어학회 회원들을 모아 무너진 학회를 재건하고 중단된 '큰사전'의 편찬을 새로 잇는 일로부터 시작되었다.

조선어학회는 조선어학회 사건으로 복역 중이던 주요 간부들이 석방되자마자 1945년 8월 19일부터 학회 재건회의를 열고 25일에는 임시 총회를 열어 새로운 임원진을 구성하고 당면한 사업을 결정하여 실행해 나갔다. 그 첫 번째 사업이 시급히 국어를 가르칠 국어 교원의 양성이었고 이에 조선어학회에서는 1945년 9월 11일부터 강습회를 시작하였다.

선생 역시 조선어학회의 재건에 적극적으로 참여한 것은 물론, 학회에서 주최한 국어 교원 양성을 위한 국어강습회(공식 명칭은 '국어과 지도자 양성 강습회')의 제1회와 제2회 사범부의 강사로 참여하였다.

숙명여자중학교 강당에서 열린 제1회 국어강습회는 1945년 9월 11일부터 9월 24일, 2주간 진행되었는데, 수료자는 사범부 659명, 고등부 515명이었고 과목은 '성음학, 문자사, 문법, 국어 개론, 교수법, 한자어, 표준어, 약어, 외래어, 응용 연습'이고 강사는 이희승, 김윤경, 최현배, 정열모, 김병제, 방종현, 이호성, 이강래, 정인승, 장지영 등이었다. 이강래 선생은 이 강습회에서 사범부의 강사로 한자어 과목을 맡아서 지도하였다.

선생은 이어서 1945년 10월 24일부터 11월 13일까지 3주간 제2회 국어강습회에 사범부 강사(한자어 과목)로 참여하였는데, 제2회 국어 강습회에는 사범부 530명이 수료하였다.

[사진 18] 제1회 국어과 지도자 양성 강습회 사범부 수강생 일동(1945년 9월 25일 숙명여중)

위와 같은 교육을 받은 '사범부' 수료자는 '국어과 교사 자격 검정 시험'에 합격하면 전국의 중등학교 국어과 교사로 나가게 되었는데 현장에서 크게 환영을 받았다 한다.

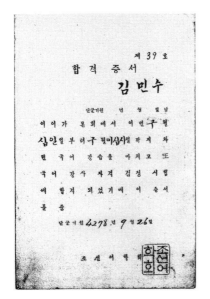

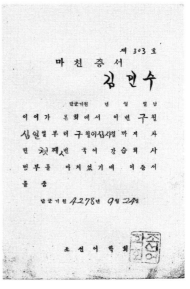

[자료15] 국어 강사 자격 검정 시험 합격증   [자료16] 제1회 국어강습회 사범부 수료증

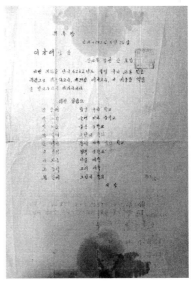

[자료17] 1945년 경성공립농업학교   [자료18] 1949년 국정 국어교과서
        강사 위촉장   편찬위원 위촉장

이 제1회 강습회에 수강생으로 참여하여 수강한 김민수 전 고려대 명예교수의 회고에 따르면, 강습회가 끝난 후 치러진 교사 자격시험에 합격한 사람은 사범부의 경우 659명 중 39명에 불과했다고 한다.[21] 김민수 선생의 강습회 수료증과 합격증은 이 강습회에 대한 중요한 참고 자료이기도 하다.

[사진 19] 1945년 11월 13일 제2회 국어강습회를 마치고 강습회에 참여한 조선어학회 강사 및 교원들과 함께(앞줄 오른쪽 두 번째가 이강래 선생)

그 사이 선생은 조선어학회 사건 이후 은거하던 무렵의 인연을 잊지 않고 단양 평동보통학교를 찾아 한글 강습 지도를 하기도 하였고 1945년 12월 31일부터는 경성공립농업학교의 강사로 위촉되어 우리말을 가르쳤으며, 해방된 조국의 초기 국정 국어 교과서 편찬 위원으

---

21) 이와 관련한 내용이 『우리말이 국어가 되기까지』(최경봉 외, 2023, 푸른역사)에 자세히 서술되어 있다.

로도 참여하는 등 국어 교육 전반에서 적극적으로 활동하였다.

국정 국어교과서는 이른바 〈바둑이와 철수〉로 알려진 〈국어 1-1〉이 1948년 10월 5일에 출간된 이래 본격적으로 추진되었다. 〈국어 1-1〉이 미군정청 치하의 문교부에서 특별한 기획에 의해 출간이 이루어졌다면 새롭게 설립된 대한민국의 국정 국어교과서를 만들기 위한 첫 번째 모임은 1949년 전반기에 이루어졌다. 마땅히 국정 국어교과서의 편찬에는 해방 이후 교육계에서 가장 신망 받는 이들이 선정되었는데 국정 국어교과서의 편찬 위원으로 참여한 사람은 김한배(창경국민학교), 박노갑(숙명여자중학교), 박노춘(중앙중학교), 박창해(조선어학회), 윤태영(동덕여자국민학교), 이강래(경복중학교), 이희승(서울대학교), 조동탁(고려대학교), 최현배(조선어학회)의 9명이다. 이 가운데 김한배, 박창해, 윤태영이 초등 국어 교재, 박노갑, 박노춘, 이강래가 중등 국어 교재, 이희승, 조동탁, 최현배가 고등 국어 교재를 맡아서 편찬한 것으로 이해된다.

한편 1946년 6월 27일부터는 월북한 이만규 교장의 뒤를 이어, 이강래 선생이 배화여중 제10대 교장으로 피임되어 해방 직후의 민족 교육의 중심을 잡기 위해 노력하는 교육 지도자로서의 길을 지속적으로 걷게 되었다.

특히 이강래 교장이 배화에 부임하면서 가장 중시한 것은 일제 말기에 악화된 식민 교육 상황 아래에서 제대로 실시되지 못한 기독교 신앙 교육의 전통을 회복하는 일이었다. 이 과정에서 이강래 교장은 좌익계 교사들을 파면시키고 기독교 신앙을 지닌 교사들을 중용하면서 학생들에게 기도회 시간을 갖게 하는 등 종교 교육을 부활시켰다. 1948년에는 배화여중 학생들에게 항공 강습을 시키는 등 다양한

[사진 20] 1946년 3월 10일 배화 교정. 오 선생 송별 모임(맨 앞줄 오른쪽에서 네 번째가 이강래 선생)

[사진 21] 1948년 8월 배화여중생 항공강습 기념사진(맨 뒷줄 왼쪽에서 세 번째가 이강래 교장)

[사진 22] 1949년 6월 12일 십일회 창립 기념²²⁾ (가운뎃줄 맨 오른쪽이 이강래 선생)

[사진 23] 십일회 1956년 기념사진²³⁾ (뒷줄 오른쪽 두 번째가 이강래 선생)

---

22) 앞줄 왼쪽부터 김윤경, 정세권, 안재홍, 최현배, 이중화, 장지영, 김양수, 신윤국. 가운
   뎃줄 왼쪽부터 김선기, 백낙준, 장현식, 이병기, 정열모, 방종현, 김법린, 권승욱, 이강
   래 선생. 뒷줄 왼쪽부터 민영욱, 임혁규, 정인승, 정태진, 이석린. 총 22명 촬영. 이날

교육적 실험을 지속하였다.

1948년은 배화학당 창립 50주년을 맞아 10월 2일~4일까지 사흘에 걸쳐 성대한 기념행사를 치르며 해방 후 수립된 대한민국 정부의 출범과 함께 반세기의 역사를 보내고 또 다른 반세기에 새롭게 도약하고자 하는 뜻을 담고자 하였다. 하지만 이강래 교장의 기독교 중심의 교육 정책에 대한 좌익계 교사들과 일부 학생들의 반발은 적지 않았다. 설상가상 재단 측과도 불화가 생기면서 결국 선생은 1949년 2월을 임기로 교장직을 내려놓게 되었다. 이 당시 선생의 심정은 시조 〈배화를 떠나며〉와 〈육학년생들에게〉에 절절하게 남겨져 있다.

조선어학회에서는 해방 뒤 어렵게 되찾은 '큰사전' 원고를 바탕으로 『큰사전』 제1권(1947.10.1.)을 출간하면서 온 겨레의 열렬한 환영과 축하를 받고 있었다.

한글학회의 『큰사전』 편찬 사업은 록펠러 재단의 후원으로 지속되었는데 1948년 12월에 약 45,000달러어치의 출판 관련 물자를 원조받았다. 한글학회에서는 이를 바탕으로 1949년 5월 5일에 제2권을 출간하였고 1950년 6월 25일에 제4권까지 조판을 끝냈지만 6·25전쟁으로 또 다른 시련을 겪게 되었다.

1949년 6월 12일에는 종로 국일관에서 최현배, 이희승 등 25명이 함께 모여 조선어학회 사건이 일어난 1942년 10월 1일을 회고하는 첫 모임을 갖고 조선어학회 수난자 모임인 〈십일회〉를 창립하고 기념사진을 찍었다.

모임에는 25명이 참석한 것으로 알려져 있는데 사진에는 22명만이 찍혀 있다.
23) 뒷줄 왼쪽부터 최현배, 정열모, 정인승, 김법린, 이강래, 권승욱, 앞줄 왼쪽부터 김윤경, 이병기, 장지영, 이석린, 총 10명이 찍혀 있다.

1950년 6월 25일 한국전쟁이 나면서 부산 피난을 떠났던 시기, 이강래 선생은 10월 1일부터 피난 온 경복중학교감으로 임명받아 또다시 어려운 살림을 도맡았고, 1952년 4월부터 경복훈육소의 책임자 일을 맡은 기간 중에도 조선어학회 사전 편찬 관련 일에서 손을 놓지 않았다. 이와 같이 전쟁 중에도 선생은 경복중학교의 살림과 조선어 사전 편찬의 업무에 매진하였다.

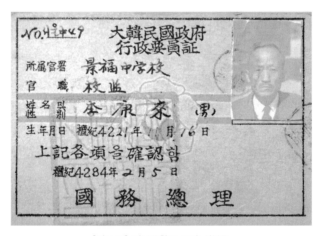

[자료19] 경복중학교 교감 신분증

피난지 부산에서 교감으로, 책임관으로 역할을 떠맡은 이강래 선생은 어려움에도 굴하지 않고 영도 신선동(影島 新仙洞) 고갈산(古碣山) 지역에 천막 막사를 짓고 흩어진 학생들을 모아 십시일반으로 생활비를 모아 학교생활을 유지하였다.

특히 1952년 4월 10일에는 『큰사전』 편찬 사업을 위한 미국 록펠러 재단의 두 번째 원조 문제로 내한한 재단 인사와의 회담에 한글학회 대표의 일원으로 참석하여 사전 편찬을 위한 큰 물꼬를 트는 데에도

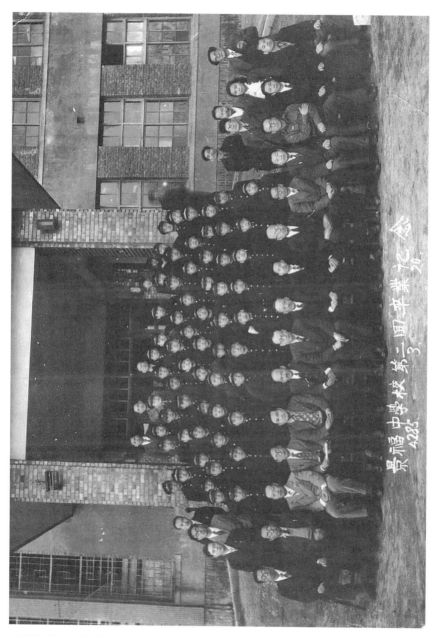

景福中學校 第二回 卒業記念
4285. 3. 20.

[사진 24] 1952년 3월 20일 경복중학교 제2회 졸업식(맨 앞줄 왼쪽에서 여덟 번째가 이강래 선생)

[사진 25] 1951년 10월 경복중학교 교감 시절 범어사 답사(앞줄 왼쪽 두 번째가 이강래 선생)

실무를 담당하였다.

　이와 같이 선생은 1915년 정화여학교에서 교직을 시작해서 40여
년(1939년 흥업구락부 사건으로 일제의 강제에 의해 배화고등여학교 교원을
그만두었다가 1945년 배화여중 교사로 복귀할 때까지의 6년간의 공백기를 빼
면 실제로는 35년)간 교직에 몸담고 민족어 교육의 한길을 걸었다. 교
사로서 선생의 마지막 봉직 학교는 경복중학교를 거쳐 경복고등학교
였다. 6·25전쟁 중인 1951년 8월 31일에 학제 개편에 따라 6년제 경
복중학교가 중학교(창의중학교)와 고등학교(경복고등학교)로 분리되었
는데 앞에 언급한 바와 같이 1952년 4월 서울 본교에 경복중고등학교
훈육소가 개소되었고 1953년 폐지되면서 경복중고등학교로 개칭되
었다. 이강래 선생은 1952년 4월 서울의 경복훈육소 책임자가 되어
전쟁으로 파괴된 모교의 교육을 다시 살리는데 힘을 쏟았고 1956년

[사진 26] 경복고등학교 졸업생들과 함께　　[사진 27] 1956년 2월 경복고등학교 본관 앞

[사진 28] 경복고등학교 졸업생들과 함께

[사진 29] 1957년 5월 경복 창립 36주년
기념식에서 시상하는 모습

[사진 30] 1957년 10월 영릉에서 경복고등학교
교사들과 함께(오른쪽 두 번째가 이강래 선생)

11월에 정년퇴임을 할 때까지 경복고등학교 교사로 봉직하였다.

이러한 공로로 선생은 정년퇴임 직전인 1956년 10월 6일에 서울특
별시교육회에서 교육 공로자로 표창을 수상하였고 이듬해인 1957년
10월 9일에는 문교부장관으로부터 한글공로자로 표창을 수상하였
다. 1957년 4월 26일에는 이승만 대통령이 경무대로 경복고등학교
학생과 교사 전체를 초청한 자리에 함께하기도 하였다.

[사진 31] 1956년 10월 서울시 교육공로자 표창 수상 기념사진

[사진 32] 1957년 10월 한글공로자 표창 수상 기념사진
(꽃다발을 든 이강래 선생 오른편이 김창현 선생)

[사진 33] 1957년 4월 이승만 대통령이 경복고등학교 학생과 교사 전체를 경무대로 초청
(가운데에 이승만 대통령과 프란체스카 여사가 있고 프란체스카 여사 뒤에 이강래 선생이 있다)

선생은 정년퇴임 이후 경복고등학교에서 1959년까지 전임강사로, 1962년까지 시간강사로 근무하였다. 선생의 뒤를 이어 큰아들 이용정이 서울대학교 사범대학 국어교육과를 졸업하고 경복고등학교에 국어 교사로 봉직하는 인연도 이어졌다.

한편, 1949년에는 조선어학회가 한글학회로 이름을 바꾸게 되었는데 선생은 1948년 10월부터 1955년 2월까지 한글학회의 7대 임원(서무부 이사)으로 전쟁 전후의 어려운 학회 살림을 꾸려 나가야 하는 중임을 맡기도 하였다. 1949년 3월 24일에는 재단법인 '한글집'의 창립에 참여하여 1967년 2월에 작고하실 때까지 재단법인 한글학회 임원(1대~6대)을 역임하며 한글학회의 대소사에 함께 하였다.[24]

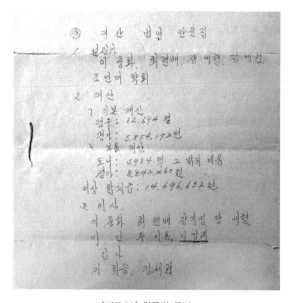

[자료 20] 한글집 문건

---

24) 임기는 1949년 4월 2일부터 시작해서 작고하실 때까지 종신직 이사를 맡았다.

[사진 34] 1959년 7월 19일 한글학회의 회원들과 함께 한글학회 창립장소
새절(봉원사)을 방문[25] (앞줄 오른쪽 두 번째가 이강래 선생)

25) 1908년 8월에 주시경 선생에 의해서 새절(봉원사)에서 창립된 국어연구학회는 '배달
말글모둠'(1911.9.3.), '한글모'(1913.3.23.), '조선어연구회'(1919.가을), '조선어학회'
(1931.1.10.)로 이름을 바꾸었다가, 해방 뒤 여러 논의를 거쳐 1949년 10월 2일에 정식
으로 '한글학회'로 바꾸었다. 이 사진은 한글학회로 이름을 바꾼 뒤 10주년을 기념하여
새절(봉원사)을 방문하여 찍은 것이다.

[사진 35] 1990년 8월 15일 노태우 대통령으로부터 건국훈장 애족장을 추서 받음

한편 선생은 1927년 배화여자보통학교 교원으로 부임하시면서부터 서울 도렴동 종교교회에 출석하기 시작하였는데 종교교회에서 세례를 받고 권사 직분으로 봉사하다가 1967년 2월 19일, 서울 신교동 자택에서 별세하였다.

선생의 장례 예배를 종교교회에서 드리고 경기도 남양주시 화도읍 차산리 종산(宗山)에 안장되었다가 1990년(23주기) 8월 15일 대한민국 건국훈장 애족장을 추서 받았다. 이후 선생은 2001년 10월 19일에 국립대전현충원 애국지사 2묘역 제926호에 안장되었다.

이후 선생의 유품 중 도서 및 문서류 자료들은 여러 차례의 이사 과정에서 분실되거나 망실되는 일이 있어서 차남 이용익의 친구 단

[사진 36] 국립대전현충원 애국지사 2묘역 제926호
(오른쪽 차남 이용익 부부와 왼쪽 큰생질의 자 윤태돈 부부)

[사진 37] 단국대 율곡기념도서관 내 제2회 자료 전시회 〈추정문고〉 유품전
(왼쪽은 율곡기념도서관장 홍윤표 교수, 오른쪽은 차남 이용익)

국대학교 이광주 교수와 율곡기념도서관장 홍윤표 교수의 주선으로 1993년 2월 22일에 단국대학교 율곡기념도서관 〈추정문고〉에 기증되었다.

제2회 자료 전시회

푸릇한 봄내음과 함께 여기 정리된 자료로 두번째 자료전을 펴보입니다.

조선어학회 사건으로 옥고를 치르기도 하시며 1930년대 일제의 억압 속에서도 한글계몽에 힘쓰기도 하셨던 추정 고 이강래 (秋汀 故 李康來) 선생의 애장품을 그의 아들 이용익(李容益)선생의 기증으로 전시회를 가지게 되었습니다.

선생의 유품중에는 조선어사전편찬 작업에 사용된 것으로 보이는 육필 원고를 비롯하여 한글 관련 신문자료 그리고 3.1운동에 관련된 자료들이 많아 이 분야를 연구하는 교수와 학생들에게 큰 도움을 줄것으로 생각 됩니다.

또한 한적도 다수 기증하여 주셔서 기본 윤리서 외에 국사에 관련된 자료도 전시되어 있으니 많은 열람 바랍니다.

乙亥年　孟春

栗谷紀念圖書館

[자료 21] 단국대 율곡기념도서관 공지 −제2회 자료 전시회−추정 유품전

이상에서 추정 이강래 선생의 생애와 활동을 간추려 보았다.

격동의 한국 근현대사에서 앞자리에 나서지는 않았지만 항상 뒷자리에서 묵묵히 자신의 일을 찾아 매조지하는 삶을 살아온 이강래 선

생의 삶을 한 마디로 단정해서 정리해 내기는 어렵다.

구한말, 어린 시절 한학에 전념하다가 청소년기에 신학문을 넘어 신문명을 이루는 도자기 산업에 도전했지만 청년이 되는 어름에 나라를 잃게 되면서 모든 꿈을 접고 국권 회복의 길을 찾아 이상설 선생과 함께 만주로 연해주로 떠돌던 이강래 선생. 20대의 중후반을 나라와 꿈을 잃고 방랑으로 점철했을 이강래 선생이 다시 식민지 조국으로 돌아와서 새롭게 선택한 일은 우리말 우리글에 대한 교육자의 길이었다. 선생은 정화여학교에서 배화여자보통학교, 송도고등보통학교, 배화고등여학교 등의 교사를 거쳐 해방 후에도 6년제 배화여중, 6년제 경복중학교의 교장, 교감 등을 역임하며 30여 년을 한결같이 우리말 교육에 매진하셨다.

한편 식민지 조국에서 선생의 활동은 학교에서의 국어교육에 머무르지 않았다. 송도에서 10여 년의 국어교육 생활을 마치고 서울 배화고등여학교에서 교편을 잡게 되면서 선생의 주요 활동은 중고등 교육기관에서의 조선어 교육과 함께, 조선어학회에서의 한글운동과 종교 교회에서의 기독교 활동 등 세 갈래로 나누어진다. 선생은 조선어학회에 가입한 1920년대 중후반 이래 『한글』기관지 창간호(1932) 발간에 참여하고, 표준어 제정(1935~1936), 조선어 순회 강습회(1934~1935), 큰사전 편찬 사업(1936~) 및 조선어학회 운영에 줄곧 참여하였고 흥업구락부 사건, 조선어학회 사건 등으로 1년이 훌쩍 넘게, 서울과 함경도 홍원 등에서 일제에 의해 갖은 고초와 고문을 겪으며 한글 운동, 국어 운동에 매진하셨다. 해방된 이후에도 선생은 조선어학회의 재건과 한글학회로의 개명, 재개된 큰사전 편찬(1947~1957), 한글집(재단) 구성, 십일회(조선어학회 사건 관계자 모임) 등에 참여하며 한글운동과 관련한 사업을 계속하였고, 돌아가실 때까지 재단법인 한글학회의 이사로 활동하며 국가의 각종 국어교육 및 국어정책(특히 중등 국어교육정책)에 관여하셨다.

종교인으로서 기독교인으로서 선생의 활동이 언제부터 시작되었는지는 분명하지 않다. 하지만 이미 3·1운동 훨씬 이전부터 윤치호, 양주삼, 김지환 등 남감리교계 인물들과 교류를 나누며 활동해 온 이력을 볼 때 늦어도 만주와 연해주에서 국내로 돌아왔을 무렵부터는 기독교 계통의 활동을 시작한 것으로 보인다. 해방 이전의 기독교 계통의 활동은 3·1운동 당시 개성 지역 만세운동의 배후에 남감리교계 인사들과 함께 있었다는 것 이외에는 확인되는 바가 없지만 배화고등여학교 등 기독교계 학교의 교사로 기독교적 전통유지에 마음을 쓰고 있었고 특히 해방 직후 배화여중 교장으로 있으면서 기독교적 교육 전통을 세우기 위해 노력하다가 이를 무시하는 재단측이나 이에 반발하는 좌익계 교사 및 학생들과 부딪쳐 가며 노력하다가 교장 직을 사퇴하기에 이르는 과정에 선생의 기독교적 삶의 일단을 잘 알아볼 수 있다.

이와 같이 혈기왕성하던 청년 시절에 빼앗긴 나라를 되찾기 위해 국외에서 암중모색하던 시절을 거쳐 국내에서 묵묵히 조국의 젊은이들에게 국어교육과 함께 민족의식을 불어넣고 한국어 정서법과 표준어 제정, 큰사전 편찬 등 한국어 정책의 기틀을 마련하는 데 장년을 보내고 해방 이후 동족상잔의 비극적인 전쟁을 거치면서도 노년을 거쳐 말년에 이르기까지 민족어 교육의 끈을 놓지 않고 살아낸 선생의 80평생의 삶을 오늘날 우리가 잊지 않고 기억해야 하는 이유는 분명하다. 선생의 삶이 바로 우리 민족이 걸어온 길이었으며 그 가르침이 바로 오늘의 우리를 길러낸 자양분이었기 때문이다. 우리가 이를 기억해 낼 때 온전하게 우리가 될 수 있음을 우리는 지나온 역사로부터 배워서 알고 있다. 오늘날 우리를 우리답게 하는 첫걸음에 개화기로부터 근현대를 통틀어 인생을 바쳐 민족어 교육의 한길로 매진해 온 선생의 삶의 궤적이 놓여 있는 것이다.

제2부
육필 원고 및 교류

추정 이강래 선생은 젊은 시절 이래 수십 년에 걸쳐 여러 차례 일본 경찰에 피검되어 대부분의 개인 자료들이 강제로 압수되거나 사전에 불태워지는 등 온전하게 자신의 기록을 남기지 못했다. 다행히 해방 이후의 일부 자료들이 육필 원고로 남겨져 있다.

아래의 육필 원고는 추정 이강래 선생의 친필 원고 중 시조와 한시 등 문학 작품과 동료교사 및 제자 등과 주고받은 서신, 기고문, 수상감사문 등의 원문을 입력하여 보인 뒤, 이에 대해 간략한 어휘 주석을 하고 쉬운 현대어로 옮겨 내용 이해를 돕고자 하였다. 현대어로 옮길 때, 시조나 한시를 지은 본뜻을 고려하되 띄어쓰기 등은 현대의 용법을 따랐고 시조나 한시의 작성 배경 등에 대해 간략히 해설한 뒤 보충 설명이 필요한 경우는 〈해설 보충〉을 따로 달았다. 원문 입력 및 어휘 주석, 현대어역, 해설, 해설 보충 등은 김양진과 이희영이 함께 맡았다.

1. 시조

(1) 배화를 떠나며

弼雲臺 아담한집 배달꽃 모판이라
心血로 북돋건만 어이그리 맛자라나
아마도 거두는솜씨 모자란가 하노라

四十年 맺친가슴 맘껏풀가 하였더니
녹새[1]는 살어이고 궂은말은 귀거친다
두어라 웃고뛸날이 아직인가 하여라

이모재고 저모살펴 내마음 정한후에
갓벗어 문에걸고 나귀몰아 길떠나니
앞나루 수심몰라서 못내저어 하노라

－1949년 2월

---

[1] '녹새'는 '높새'의 다른 말이다. 동북풍을 가리키는 '높새바람'을 한자어로 '녹새풍(綠塞風)'이라고 하는 데서 온 말이다.

【현대어역】

필운대 아담한 집 배달꽃[2]의 모판이라
심혈로 북돋건만 어이 그리 맞자라나[3]
아마도 거두는 솜씨가 모자란가 하노라

사십년[4] 맺힌 가슴 맘껏 풀까 하였더니
높새는 살을 에고 궂은 말은 귀에 거친다
두어라 웃고 뛸 날이 아직인가 하여라

이 모 재고 저 모 살펴 내 마음 정한 후에
갓 벗어 문에 걸고 나귀 몰아 길 떠나니
앞나루 수심 몰라서 못내 저어하노라[5]

---

2) '배달꽃'은 '배화(培花)'의 다른 말이다. 본래 '배화'라는 교명은 캠벨 여사가 세운 캐롤라이나학당을 1903년에 윤치호가 "꽃을 기르다"라는 뜻으로 제안하여 정해졌다. 윤치호의 '배화'란 본래 명리학에서 '양토배화(壤土培花) : 부드럽고 비옥한 땅에서 꽃을 아름답게 키우다'의 용법으로 사용하던 말로 좋은 교육 환경에서 훌륭한 여성 인재를 키운다는 의미를 담은 것이다. 다만 이 시에서 이강래 선생은 '배화'라는 교명을 우리 민족을 가리키는 '배달민족'의 꽃이라는 뜻으로 바꾸어 사용하였다.

3) '맞자라다'는 "서로 같이 생장하거나 성숙하다"의 뜻인데 여기서는 서로 고만고만하게 자라는 모양을 가리키는 말로 "서로 고만고만하게 자라다"를 뜻한다.

4) 여기서 40년이란 1909년에 배화학당 4년제 보통과와 3년제 고등과 인가를 받은 때로부터 시간을 계산하였기 때문에 40년이라 한 것인 듯하다. 캐롤라이나학당으로부터 계산하면 50년이어야 마땅하다.

5) 저어하다 : 염려하거나 두려워하다.

필운대(弼雲臺)는 백사 이항복의 집터이다. 개화기의 미국 남감리회
여성 선교사 조세핀 필 캠벨 여사가 이 자리에 1898년 10월 캐롤라이
나(배화)학당을 세웠고 1903년 12월에 윤치호의 제안으로 배화학당
으로 교명을 변경하였다. 1909년에 배화학당 4년제 보통과와 3년제
고등과 인가를 받은 배화학당은 1925년에 배화여자고등보통학교,
배화여자보통학교의 인가를 받았고 1938년 4월에 배화여자고등보통
학교(배화여고보)는 배화고등여학교(배화고녀)로 개칭되었다. 해방 이
후 1946년에 6년제 배화여자중학교로 교명을 바꾸었고 1951년에 배
화여자중학교(3년제)와 배화여자고등학교(3년제)로 개편되었다. 추정
이강래 선생은 1946년에 배화여중의 10대 교장이 되어 1948년 창립
50주년 기념행사 등 뜻깊은 행사를 진행하며 배화의 중흥을 이끌었
다. 하지만 해방 전후의 정국에서 학교의 기독교적 전통을 되살리려
는 선생의 노력에 일부 좌익계열의 교사들이 반발하며 일부 학생들
과 함께 협박과 위협을 가하는 일이 있었고 재단 측과도 여러 방면에
서 마찰을 빚었는데 결국 여의치 않은 일로 1949년 2월에 학교장직
을 사임하게 되었다. 이 글 〈배화를 떠나며〉와 아래의 〈6학년생에
게〉는 그 안타까움을 시조로 남긴 것이다.

【해설 보충】

이 시조의 원문에는 붓글씨로 쓴 것과 펜글씨로 원고지에 정리한 것
두 가지 종류가 있다. 두 글에는 약간씩의 차이가 있는데 펜글씨본을
최종본인 것으로 보아 후자의 것을 원문으로 삼았다. 붓글씨본이 순

한글로만 되어 있는 데 대해서 펜글씨본에는 한자가 섞여 있고 1연에서 '심혈 쏟아'가 '心血로'로 수정되어 있고 '맡자라'가 '맛자라나'로 바로잡혀 있다. 1연 종장의 '아마도 동산직이 네솜씨 모자람인가'도 '아마도 거두는솜씨 모자란가 하노라'로 좀 더 매끄럽게 수정되어 있다. 2연에서도 초장의 '사십년 뭉친원한 기껏풀줄 믿었더니'가 '四十年 맺힌가슴 맘껏풀까 하였더니'로 좀 더 시적으로 풀어져 있고 '웃고뛸 시절'이 '웃고뛸날이'로 수정됐다. 3연에서는 초장의 '이모훑고 저면더듬어'가 '이모재고 저모살펴'로 좀 더 자연스러운 대구로 수정되었고 종장의 마지막 구절이 '적이 저어하노라'에서 '못내 저어하노라'로 수정되었다.

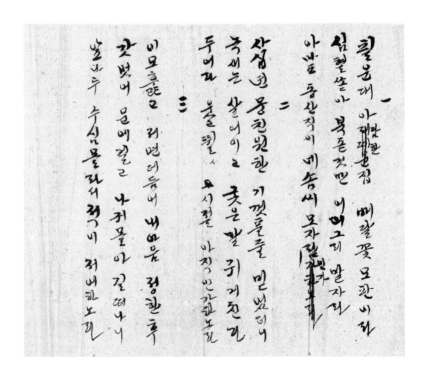

四二八二年 二月

溫室培 아람한 감 배 뭘꽃 모란씨라
心血灌 북돋건만 어미그리 맛자라나
아마도 거두는 솜씨 보자한가 하노라

四十年 뻗치거늘 맘것들고 하였더니
녹새는 살씨이고 붉은말뿐 꺾거친것
두어라 웃고뭘날씨 아직인가 하여라

이모재로 저모삶퇴 내마음 정한후에
갓벗어 문에걸고 나위물아 길떠나니
알나두 수심풀라서 붓씨저씨 하노라

(2) 육학년생에게

정신이 갈리면 일에 터전 나니[6] 각별히 조심하여 새 교장 모든 선생
잘 받들고 따라 앞에 남은 학업 충실히 닦기 바라며 두어 자 적노라

우리문 나라는양 인도하다 비켜서니
멀거니 보는눈청[7] 참빛[8]쏘아 온몸싼다
뜻아닌 이내짓[9] 알아줄이 몇몇인가

날쎄[10]는 흐리고 바람결 좋지않아
물려줄말 거북해 매몰히[11] 돌쳐섰다[12]
괴로워라 이내뱔[13] 구비구비 끊는듯

겨레영광 목표삼아 씩씩히 닫는이
이런덜 어떠하며 저런덜 어떨소냐

---

6) 여기서 '일에 터전이 나다'는 '일에 탈이 나다'의 뜻으로 쓰인 말이다.
7) 여기서 '눈청'은 "눈에 독기를 띠며 쏘아보는 시선"을 가리키는 '눈총'의 잘못이다.
8) 여기서 '참빛'은 멀거니 바라보는 눈총에서 나오는 심한 빛(즉 시선)을 가리키는 말이다. 표준어에서는 한 단어로 인정되지 않았기 때문에 현대어 번역에서는 띄어 썼다.
9) 끝까지 학교에 남아 신념을 지키고자 하였지만 좌익 교사, 학생들과의 갈등 및 재단과의 갈등 끝에 어쩔 수 없이 교단을 떠나게 되는 상황을 가리키는 말이다.
10) '날쎄'는 '날씨'의 방언(경상, 평남, 함경, 및 중국 흑룡강성)이다.
11) '매몰하다'는 '매몰차다'와 같은 말인데, 여기서 '매몰히'는 '매몰하다'의 부사형이다.
12) '돌치다'는 '되돌다'의 비표준어이다. 여기서 '돌쳐서다'는 '되돌아서다'의 의미로 사용되었다.
13) '이내뱔'은 '이 나의 뱔'이라는 말이다. '뱔'은 '창자'를 가리키는 순우리말 '배알'의 준말이다.

솔대[14]의 굳은절개 길이길이 지닐뿐

- 1949년 3월 3일

【현대어역】

우리 문 나가랴는 양 인도하다 비켜 서니
멀거니 보는 눈총 참 빛 쏘아 온몸 싼다
뜻 아닌 이 내 짓 알아줄 이 몇몇인가

날씨는 흐리고 바람결 좋지 않아
물려 줄 말 거북해 매몰히 되돌아섰다
괴로워라 이 내 창자 굽이굽이 끊어지는 듯

겨레 영광 목표 삼아 씩씩히 달리는 이
이런들 어떠하며 저런들 어떻겠는가
송죽(松竹)의 굳은 절개를 길이길이 지닐 뿐

---

14) 여기서 '솔대'는 한자어 '송죽(松竹)'의 우리말 대응어이다. '소나무[松]'와 '대나무[竹]'
   은 모두 "추운 겨울에도 잎이 지지 아니하기 때문에 정결(淨潔)과 지조(志操)가 굳은
   사람에 비유되는 나무"이다.

【해설】

앞서 시조 〈배화를 떠나며〉의 해설에서 설명한 것처럼 선생이 배화
여자중학교 10대 교장으로 부임하여 교육 정책을 펼 때(1946~1949)는
사회가 남과 북, 좌익과 우익으로 갈라져 혼란스러운 시절이었다. 선
생은 배화여자중학교장으로 부임한 이후 일제 말기 식민지 교육 상
황과 해방 후의 좌우익 대립으로 인해 제대로 이루어지지 않고 있던
미션 학교로서의 신앙 전통을 회복하기 위해 종교 교육을 부활시켜
학생들에게 기도회 시간을 갖게 하고 기독교 신앙을 가진 교사들을
등용하는 등 학교 재건을 위한 신앙 교육 활동을 꾸준히 펼쳐 나갔다.
그러나 학교 내 좌익계 교사 및 좌익 학생들의 반발, 협박과 재단과
의 갈등 등으로 부득이 학교를 떠나게 되었는데, 이 글은 그때의 괴
로운 심정을 표현한 것으로 선생이 교장으로 참여한 마지막 졸업식
상에서 졸업하는 6학년생들에게 남긴 글이다.

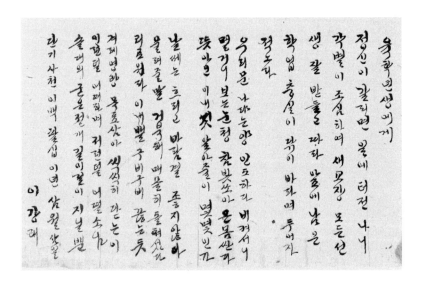

(3) 송석원에서

弼雲坮 빈집[15] 놓고 松石園에 껴들으니[16]
세냇가[17] 오막사리 바람비가 스미나니
三十年 곤고한천량 이뿐인가 하노라

히는듯 검은돌과 나지긋[18] 누운솔을[19]
들면쓸고 나면기려[20] 끔찍이 여기나니
그절개 곧고굳은것 내벗인가 하노라

– 1949년 3월 7일, 송석원 처가에서

【현대어역】

필운대 빌린 집 놓고 송석원에 끼어드니
시냇가 오막살이 바람비가 스미는데
삼십년 곤고한[21] 재물 이뿐인가 하노라

---

15) 빈집 : 借家. 즉 '빌린 집'의 뜻으로 배화여중 시절 교장 사택을 말한다.
16) '妻家에 寄居함'을 말한다.
17) 세냇가 : '시냇가'의 잘못인 듯. '송석원'은 '옥류천(玉流川)'가에 자리 잡고 있었다.
18) '나지긋'은 '나직하고 지긋하게'를 합성한 말인 듯하다. '나직하면서도 듬직하게 자리
　　한 소나무의 모습'을 가리키는 말이다.
19) '송석원'은 이곳에 있는 흰색을 띤 커다란 검은 돌과 나직이 누워서 자란 오래된 소나무
　　로 인해 붙여진 이름이다.
20) 집에 들어가면 돌과 나무 주변을 쓸고 밖에 나가면 송석원의 '돌'과 '(소)나무'를 칭찬
　　한다는 뜻이다.
21) '곤고(困苦)하다'는 "형편이나 처지 따위가 딱하고 어렵다."는 뜻의 형용사이다.

흰 듯 검은 돌과 나직이 누운 솔을

들어 쓸고 나면 기리어 끔찍이 여기나니

그 절개 곧고 굳은 것 내 벗인가 하노라

【해설】

이 글은 선생이 1949년 2월 배화여자중학교장을 사임하고, 교장 사
택이 있던 필운대(弼雲坮)에서 서울 종로구 옥인동 47-1 인왕산 자락
에 소재한 처가(妻家)로 이사하여 살 때 쓴 글이다. 선생의 처가는
송석원(松石園)으로 불리는 지역으로 송석원은 조선 정조 때 중인 서
얼 평민 등이 모여서 시를 짓고 문학을 논하던 곳으로 유명하였다.
선생은 이곳에서 10여 년간 거주하였다.

  신생이 처음 교단에 선 것은 1915년경 정화여학교에서부터이지만
이때는 아마도 강사의 신분으로 촉탁을 받았던 듯하다. 이후 선생은
1915~1917년 통신 교육 기관인 일본사범학회의 본과를 마치고 정식
교사 자격증을 획득하고 1920년부터 개성 송도고등보통학교의 정식
교원으로 봉직하면서 본격적인 교사의 길을 걷게 되었다. 이 시에서
선생이 '삼십년 곤고한 천량'이라고 한 것은 바로 이때(1920)로부터
배화여자중학교 교장을 그만둔 1949년까지의 30년간의 곤궁한 삶을
가리킨다.

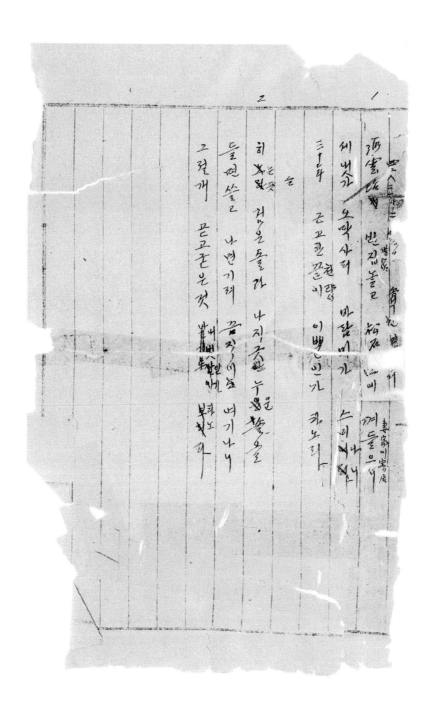

(4) 梅花

窓앞에 붉은梅花 꽃피어 滿發이라
南國의 바다바람 상기도 차건마는
저맡은 구실이라서 봄빛띠고 흐들댄다

옛등걸 묵은뿌리 기반이 든든하니
한때의 맵고찬 온씨라림[22] 있다한덜
속깊이 간직한원기[23] 막을이 뉘있으리

千里길 몰려온손 시름없이 섰노라니[24]
香氣떠 어린[25]가지 성긋한[26] 그복판에
慇懃히 비춰오는달 조린가슴 쓸어준다

－1951년(辛卯) 初春 釜山 大廳洞 一街 20番地에서

---

22) 여기서 '온-'은 "(일부 명사 앞에 붙어) '꽉 찬', '완전한' 따위의 뜻을 더하는 접두사."이
   다. 따라서 '온씨라림'은 '완전한 쓰라림', '쓰라림 그 자체' 또는 '심한 쓰라림'의 뜻으
   로 이해된다.
23) 원기(元氣) : 만물이 자라는 데 근본이 되는 정기. 여기서는 '나무등걸의 정기'를 말
   한다.
24) 1950년 6월의 한국전쟁으로 서울에서 부산으로 피난 내려와 있던 시절, 처음 맞이하는
   이른 봄의 정취를 시로 읊은 것이다.
25) 여기서 '어린'은 '(어떤 현상, 기운, 추억 따위가) 배어 있거나 은근히 드러나다.'를
   뜻하는 말로, "향기 떠 어린 가지"란 '향기가 떠올라서 성긴 나뭇가지 사이에 배어
   있는 모양'을 가리키는 말이다.
26) 성긋하다 : '성글다(간격이 뜨다)'의 잘못.

【현대어역】

창 앞에 붉은 매화 꽃 피어 만발이라
남국의 바닷바람 아직도 차건마는
저 맑은 구실이라서 봄빛 띠고 흐들댄다

옛 등걸 묵은 뿌리 기반이 든든하니
한때의 맵고 찬 심한 쓰라림 있다 한들
속 깊이 간직한 기운 막을 이 뉘 있으리

천릿길 몰려 온 길손 시름없이 섰노라니
향기 떠 어린 가지 성근 그 복판에
은근히 비춰 오는 달 졸인 가슴 쓸어 준다

梅花

窓앞에 붉은梅花 꽃피어 滿發이라

南國의 바라바람 싱기도 처건마은

저빨은 구슬이되여 봄빛 흐들젠다

（소）

멧등걸 묵은뿌리 기쁨이 듣들하니

한그루의 맵른찬 온갖셜리 기면 있다한덜

속깊이 간직한 원기 막을이 뉘있으며

（소）

漠漠 千里길 물려온손 시름바빠 있노라니

香氣제품 어린가지 성긋한 그북한네

戀戀히 비취오는 달 조린가슴

(5) 閑山島(성지한산)

병화에 쪼들린몸 성지한산 찾아오니
얼킨물 널린섬은 고교한듯²⁷⁾ 하건마는
山河의 맵고찬기운 님의노염 푸르시다

- 1951년

【현대어역】

병화(兵禍)에 쪼들린 몸 성지(聖地) 한산 찾아오니
얽힌 물 널린 섬은 교교한 듯하건마는
산하의 맵고 찬 기운 님의 노여움 푸르시다

---

27) 고교한듯 : '교교한듯'의 잘못. 교교(皎皎)하다 : 매우 조용하다.

(6) 制勝堂

벼랑길속 그윽한속 낙엽밟아 예노라니[28]
낡은집 시름깊고 짧은돌비 외롭고야
時節[29]에 가슴타는손 한숨짓고 가노이다

– 1951년

【현대어역】

벼랑길 속 그윽한 속 낙엽 밟아 가노라니
낡은 집 시름 깊고 짧은 석비(石碑) 외롭구나
시절에 가슴 타는 길손 한숨 짓고 갑니다

---

28) '예다'는 '가다'의 옛말이다. 단종을 수행했던 왕방연이 지었다는 시조 "천만리 머나먼
    길에 …울어 밤길 예놋다"라는 구절에 나온다.
29) 여기서 '時節'은 전쟁통에 부산으로 피난 나와 있는 힘들고 어려운 시절을 가리킨다.

(7) 影島 臨時 校舍에서

古碣山 煙霞속에 젖어늙은 바위서렁
앞뒤에 둘러두고 의젓이선 열天幕은
북악껴 큰소리치던 景福의 배움터다

光明의 그룩한님 봉우에 좌기하니[30]
맑고가는 鐘소리 돌틈따라 흘러돌제
七百[31]의 반짝이는눈 샛별들이 구르나니

굶어도 배우려고 고달퍼도 찾으려고
띠졸라 허리묶고 해볕쪼여 몸고르니
먹은맘 굳고또굳어 못이룰줄 있으리

묵은책 두적이어[32] 헤진천량[33] 걷어모고
한폭지도 벽에걸어 세계지식 넓히나니
이나라 이룩할일군 믿음직도 하여라

닫는길 더빠르게 소리높여 휘몰으며

---

30) 좌기하다(坐起--) : 본래 "관아의 으뜸 벼슬에 있던 이가 출근하여 일을 시작하다"의
　　뜻인데 여기서는 "해가 산봉우리에 떠오르는 모습을 가리키는 뜻으로 사용되었다.
31) 부산 피날 시절, 영도 고갈산 밑의 임시 천막 교정에서 수업에 참여한 학생의 수가
　　350여 명이었음을 가리키는 말이다.
32) '두적이다'는 '뒤적이다'의 방언(전남)이다.
33) '천량'은 '돈'을 가리키는 옛말이다. 여기서 '헤진 천량'이란 오래 전에 책갈피 등에
　　넣어 두어서 낡아진 돈(지폐)을 가리키는 말이다.

일은말 혹잇을사 핏대올려 다지나니
고운싹 행여맛자랄가[34] 늘저어 하노라

– 1951년 5월

【현대어역】

고갈산 연하(煙霞) 속에 젖어 늙은 바위츠렁[35]
앞뒤에 둘러 두고 의젓이 선 열 천막(天幕)은
북악 끼고 큰소리치던 경복(景福)의 배움터다

광명의 거룩한 님 산봉우리 위에 떠오르니
맑고 가는 종소리 돌틈 따라 흘러 돌 때
칠백(七百)의 반짝이는 눈 샛별들이 구르나니

굶어도 배우려고 고달파도 찾으려고
띠 졸라 허리 묶고 햇볕 쪼여 몸 고르니
먹은 맘 굳고 또 굳어 못 이룰 줄 있으리

묵은 책 뒤적이어 헤진 돈 걷어 모으고
한 폭짜리 지도 벽에 걸어 세계 지식 넓히나니
이 나라 이룩할 일꾼 믿음직도 하여라

---

34) 104쪽 각주 3번 참조.
35) 바위츠렁 : 바위가 겹겹이 많이 있는 험한 곳. 또는 험하게 겹겹으로 쌓인 큰 바위.
   원문의 '바위서렁'은 '바위츠렁'의 방언이다.

달리는 길 더 빠르게 소리 높여 휘몰며
잃은 말 혹 잊을사 핏대 올려 다지나니
고운 싹 행여 맞자랄까 늘 저어하노라

【해설】

(4)~(7)까지의 시조들은 1950년 6·25전쟁으로 인해 부산으로 피난
을 내려가서 경복중학교 교감을 맡아 임시 막사에서 학생들의 교육
을 총괄하던 무렵인 1951년 초의 상황과 심정을 쓴 것이다. (4)의 연
작시조에서는 홍매화가 피는 1951년 초봄의 부산 피난지인 대청동
1가 20번지에서 천릿길 몰려온 피난객의 쓸쓸하면서도 강인한 의지
를 잘 드러내어 주고 있다. (5)와 (6)은 각각 부산에서 가까운 통영을
방문하여 한산도와 제승당을 찾아 임진왜란을 극복한 충무공의 정신
을 되새기며 아직 극복되지 못한 전란의 아픔을 짙은 수심으로 표현
하고 있다. (7)의 연작시조는 절영도(絕影島) 즉 지금의 영도 고갈산
자락에 자리 잡은 열 개의 천막으로 이루어진 임시 막사(幕舍)형 교사
(校舍)에서 350여 명의 학생들을 모아 한 폭짜리 지도를 벽에 걸고
미래를 꿈꾸어 가던 시절의 내용을 담은 것이다. 6·25동란 때 부산
으로 피난 온 경복중학교 피난학교(避難學校) 시절, 경복 일선의 교육
자들은 영도 신선동 414번지 고갈산 법화사 우측 경사지를 개간하여
암석으로 뒤덮인 험악한 바위틈에 가교사를 건축하고 김영기(金永起)
교장과 이강래(李康來) 교감 및 수 명의 교직원과 학생을 중심으로
1951년 4월 6일에 피난학교 개교식을 거행하고 처음 3좌(座)의 백색
천막 안에 책상 의자를 비치하고 눈물겨운 수업을 시작하였는데 곧
10개로 천막이 늘었다.

絕勝雷

山阿에　…　기운　…

南山峰（南山）…

…

…

빛난 길　시험 길으로　…

哀節에　가슴타는 소리　한숨 싯고　…

影島臨時校舍에서　四二八四年 五月

古碣山　煙露속에　젖어있을　밤위에선

望위에　들러우고　뭣에선　열天墓을

북싹끼　큰소리치며　幸福의　배를더라

光明이 그윽한 밤 봉우리 꽈 기하니
맑어가는 鐘소리 돌돌대라 흘러돌제
소음의 반짝이 밝은 샛별들이 구르나니

국채를 배우려고 로달러듬 찾으려고
따끌과 허리물고 최별쫘애 몸무나니
먹은맘 굳고곤어 못이들을 잃으리

붉은햇채 두려이어 (혜진천랑) 건네보고
한쪽지로 백에걸어 (세계지식) 넓히나니
이나라 이우출 일군 믿음깊도 뱀애아라

(8) 해방 뒤

험한물에 띄운方舟 바람좋아 찾아타니
날뛰기 미침인가 느끼기는 病이런가
우리는 八月한가위 길이잊지 못하리라

꺾인돛대 세우랴니 곧은장목 몇몇이며
잃은장기 차이랴니 왜구부렁36) 들어찼다
앞뒤에 어수선한일 정신아득 하여라

모진녹새 뱃전치니 그친물결 다시뛰어
닷줄용총 끊어지며 이물고물 흔들리니
애닲다 하늘밀원한37) 유월날씨 참도차라

하늬바람38) 구름몰아 구름마다 비묻으니
중천엔 우뢰울고 평지엔 강철뛴다
녹새도 휩쓸힘꺾여 잠시잔잔 하여라

한때반짝 개인하늘 눈비바람 뒤덮이니
남쪽따라 몰린무리 죽음이 경성하다
이따에 얼여찬원한 달빛조차 푸르러라

---

36) 왜구부렁 : 작고 구부러져서 못 쓰게 된 도구를 가리키는 말.
37) 하늘밀원한 : '하늘 밑 원한'의 잘못.
38) 하늬바람 : 서풍(西風).

【현대어역】

험한 물에 띄운 방주 바람 좇아 찾아 타니
날뛰기 미침인가 느끼기는 병(病)이던가
우리는 팔월 한가위 길이 잊지 못하리라

꺾인 돛대 세우려니 곧은 장목³⁹⁾ 몇몇이며
잃은 쟁기 찾으려니 못쓸것들만 들어찼다
앞뒤에 어수선한 일 정신 아득 하여라

모진 높새바람 뱃전을 치니 그친 물결 다시 뛰어
닻줄 용총⁴⁰⁾ 끊어지며 이물 고물 흔들리니
애닯다 하늘 밑 원한 유월 날씨 차기도 차라

하늬바람 구름 몰아 구름마다 비 묻으니
중천(中天)에는 우뢰 울고 평지에는 강철 뛴다
높새도 휩쓸 힘 꺾여 잠시 잔잔 하여라

한때 반짝 개인 하늘 눈 비 바람 뒤덮이니
'남쪽' 따라 몰린 무리 죽음이 겅성드뭇하다⁴¹⁾
이 땅에 얽혀 찬 원한 달빛 좇아 푸르러라

39) 장목(長木) : 물건을 받치거나 버티는 데 쓰는 굵고 긴 나무. 〈유〉장나무
40) 용총 : 돛대에 매어 놓은 줄. 돛을 올리거나 내리는 데 쓴다.
41) 겅성드뭇하다 : 많은 수효가 듬성듬성 흩어져 있다.

【해설】

(8)의 연작시조는 6·25전쟁으로 부산으로 피난을 갔다가 서울이 재
탈환된 1951년 3월 이후, 서울이 인민군으로부터 해방되었다는 뜻에
서 '해방 뒤'라는 제목으로 쓴 글이다. 즉 여기서 제목의 '해방'은 '공
산군으로부터의 서울 수복'(1951년 3월 14일 서울 재탈환)을 의미하는
데, 1950년 6월의 원한과 전쟁의 깊은 상흔을 가슴에 품고 민족의
아픔에 대한 안타까움을 구구절절 담아 쓴 시조들이다.

밤듣 개굴
더 빠르게 소리 높여 휘몰으며
일 ㅎㅇㄴ 쌀 홀 맛 올 시 핏대 올려 라지나니
고은 씨ㄱ 행여 멋 자랄
허방 뒤

헌 칸 물에 띄운 方舟 바람 좋아 찾아 타니
날 뛰기ㅁ 마침 만 가 느끼기는 病이런가
우려는 八月 한 가위 길이 잊지 못하리라

꺾인 돗대 세우라니 끈 은 장목 몇몇이며
싫은 장기 차이라니 왜구부령 들어 참다
날 닭에 이 수선한 일 정신 아득하여라

모진눈서　빗친최니　그친물결　다시

닷줄둥둥　꿈씨지며　이물꼬물　흔들

애닯다　하늘필원한　우월날세　참차갓

하의바람　구름무너　구름마다　비문으니

중천빈　우러울　핑지면

북새도　휘범쓴현깨며　잔잔하며라

한때반짝　개인하늘　눈비바람　되렴이니

남쪽과라　못될무리　즐놈이　정성하라

이따에　붙어찬천한　달빛조차　누드러라

강철
때

(9) 무제

붉은얼곰⁴²⁾ 미련떨고 황가라미⁴³⁾ 어귀차서⁴⁴⁾
겯틀기 여덟달에 끝보일듯 끝못보니
동서의 노린눈초리 널문이⁴⁵⁾에 모였어라

- 1952년 3월

【현대어역】

붉은 얼 곰 미련 떨고 누런 칡범 어기차서
겯고틀기⁴⁶⁾ 여덟 달에 끝 보일 듯 끝 못 보니
동서의 노린 눈초리가 판문점에 모였구나

---

42) 붉은 얼 곰 : 한국전쟁에 참전한 북한 공산군을 가리키는 말.
43) 황가라미 : 누런 칡범. 여기서는 한국전쟁에 참전한 중국 공산당을 가리키는 말인
   듯하다.
44) 어귀차서 : 어기차서. 어기차다 : 한번 마음먹은 뜻을 굽히지 아니하고, 성질이 매우
   굳세다.
45) '널문이'는 '널문리' 즉 '판문점(板門店)'이 있던 '널문리 주막거리'를 가리키는 말이다.
46) 겯고틀다 : 시비나 승부를 다툴 때에, 서로 지지 않으려고 버티어 겨루다. 여기서 '겯고
   틀기'는 휴전 협정에서 어깃장을 놓는 북한 및 중국 공산당과의 대립 상황을 나타내는
   말이다.

(10) 느낌

말하기 쉽다하여 말만능사 삼지마소
행하기 힘쓸지니 힘들고야 탑이되오
말로만 큰탑쌓기는 어려울가 하노이다

【현대어역】

말하기 쉽다 하여 말만 능사 삼지 마소
행하기 힘쓸지니 힘들고야 탑이 되오
말로만 큰탑 쌓기는 어려울가 하노이다

(11) 느낌

바른길 괴롭다고 굽혀가지 마르시오
굽은길 발익으면 발돌리기 어려우니
일생에 곤치지못할 큰병들가 두려워라

- 1952년 3월

【현대어역】

바른 길 괴롭다고 굽혀 가지 마시오
굽은 길 발에 익으면 발 돌리기 어려우니
일생에 고치지 못할 큰병 들까 두려워라

【해설】

(9)번 시조는 따로 제목이 없는데, 정전 협정이 한창이던 1952년 초 상황의 안타까움을 시조에 담은 것이다. 1950년 6월 25일에 일어난 한국전쟁은 사흘 만에 서울이 함락되어 피난 정부가 부산까지 밀려 갔다가 9월 28일 서울 수복, 1951년 1·4후퇴, 3월 14일 서울 재탈환 등으로 일진일퇴를 반복하였고 전쟁 발발 1년 뒤인, 1951년 7월 10일 개성 외곽의 내성장에서 첫 정전 협정이 시작되었다.

북의 세력권이던 개성 지역에서 이루어진 정전 협정은 쉽지 않았 다. 결국 개성과 문산을 연결하는 1번 국도변의 낡은 주막거리였던 '널문리'를 정전회담 장소로 정하게 되었다. 인근에 널빤지 문짝으로 다리를 만든 '널문다리[널문교]'가 있어서 '널문리'라고 불리던 이 지 역은 이후 중국을 염두에 두어 '판문점(板門店)'이라는 한자식 지명을 얻어서 정전 협정의 장소로 사용되면서 동서양의 국제적인 이목이 집중되는 장소가 되었다. 널문리(즉 판문점)에서의 정전회담은 1951 년 10월 25일부터 재개되었는데 회담에는 유엔군과 북한, 중국이 참 여하였다.

이 시조에서 '붉은 얼 곰'은 '북한'을, '황가라미'는 '중국'을 가리키 는 말이다. 좀 더 구체적으로 말하자면, '붉은얼곰'이란 '공산주의 사 상을 지닌 곰'을 말하는 것으로 여기서는 '북한'을 가리키는 말이다.

'황가라미'는 '누런 칡범'을 말하는데 이 시조에서는 중국을 가리키 는 말이다. 정전 회담 당시 중국 군사위원회의 부주석을 맡았던 임표 (林彪[린 뱌오], 1907~1971)가 1951년 말부터 1952년 초까지 3개월간 중 국 중앙군사위원회의 일상 사업을 주관하고 있었기 때문에 이 시조 가 쓰인 1952년 3월 당시의 국제 정세 상 중국 공산당을 '황가라미(즉 누런 칡범)'이라고 표현한 것으로 보인다. 1951년 7월 시작된 정전 회담은 북한과 중국의 억지 속에 만 8개월째인 1952년 3월까지도 답보 상태를 벗어나지 못하고 있었기 때문에 이를 안타깝게 여기는 속내를 시조로 드러낸 것으로 이해된다.

(10), (11)의 시조 두 편은 각각 〈느낌〉이라는 제목으로 지어졌는데 아마도 피난지 부산에서의 경복중학교 학생들에 대한 교육 과정에서 느낀 점을 시조에 담은 것으로 보인다. (10)은 말보다 행동을 앞세워야 하는 생활 태도를 강조한 것이고 (11)은 아무리 어렵더라도 바른길을 가야 하고 굽은 길은 발을 들이지 말 것을 강조한 것이다.

四二八五年 三月

붉은 별 끝 마련 떨은 황가라며 버거차서
겨유들기 버더래 달배 꼴 보일 듯 꼴 못보니
둥서아 노틴논 눈춘 물과 널문이에 모였어라

느낌

말하기 쉬위라 하여 말만 능사 삼지마소
행하기 어려 됨을 알지니 몸으로써 들르마 탑이되오
말도 한다 큰탑 쌓기는 버려울가 하노라

느낌
四二八五年 春

바른길 리을가고 굽혀가지 마르시오
굽은길 발 띄으면 발들 돌리지 버려우니
일생에 곤지 지못할 병들가 두려워라

(12) 연극 (1952년 3월 12,13,14일 사이)

벗따라 사립나서 낚시나란 드리우니
맑은바람 흠씬쏘여 겨운흥 다풀것다
바구니 비던안비던 그무슨 관계이랴

‒ 1952년 3월 12,13,14일 사이

【현대어역】

친구 따라 사립문 나서 낚시를 나란히 드리우니
맑은 바람 흠씬 쏘여 겨운 흥 다 풀겠다
바구니 비었든 안 비었든 그 무슨 관계이랴

(13) 연극 (노랑)

明堂[47)]곤친 옛모습을 오랜오늘 뇌노라고
물든머리 꾸민얼굴 비슷도 하거니와
한줄기 옳고바른얼 내안가시 였나니

【현대어역】

이마를 고친 옛 모습을 오랜 오늘 되뇌느라고

---

47) 명당(明堂) : 관상에서, 사람의 이마를 이르는 말.

물든 머리 꾸민 얼굴 비슷도 하거니와

한 줄기 옳고 바른 얼 나의 아내였나니

(14) 느낌

어제밤 나린봄비 앞내물 불어것다

새물따라 오른고기 후리기에 바쁘련만

손풀려 못맺은그물 뉘우쳐 무엇하리

【현대어역】

어젯밤 내린 봄비 앞내 물 불엇것다

새 물 따라 오른 고기 후리기에 바쁘련만

손 풀려 못 맺은 그물 후회해서 무엇하리

【해설】

(12~14)까지의 시조들은 내용을 정확히 파악하기 어려운 것들이다. 대개 1952년 3월 중순 이후에 작성된 것으로 보이는데 앞의 두 편은 '연극'이라는 제목을 달고 있는데 내용과의 관련성을 정확히 파악하기 어렵다.

대략의 내용을 정리해 보면 (12)는 친구와 낚시를 나서서 한가로이 보내며 욕심 없이 사는 모습을 강조한 것이고 (13)은 연극 무대에 오른 배우들을 묘사하면서 그중 옛날 아내의 모습을 찾아보았음을 나타낸 것으로 이해된다. (14)는 낚시를 따라나서서 좋은 성과를 얻지 못하는 상황을 교육 과정에서 힘이 미치지 못해서 다하지 못하는 상황에 비유해서 이러한 일들에 너무 매몰되지 말 것을 스스로 강조한 시조로 이해된다.

四二八五年三月十二日午時 사이 「변곡」

벗 다라 사람ㅎ지 남기시나란 드리우니
맑은 바람 흙신 속에 겨운흥 하물것다
바구니 ???던만 썼던 그무순 란게이리

변곡 韓國(노랑)

느낌

明窓 곳친 벗모습을 오랜오늘 뇌노라고
물드러리 꾸민벌굴 비슷도 하거니와
한줄기 옮고마른벌 내안가새 ???나니

어제밤 나린봄비 앞내물 불어것다
새물따라 오른고기 후리게에 ???
손물버려 못맷을그물 뉘우쳐 무엇하리

絶影島

시조 137

(15) 絕影島

二千年前 사람살고 적이늦어[48] 말쳤나니
사람자취 끊졌던가 말그림자 끊졌던가
이섬의 이름絕影은 알길노여[49] 없어라

東으란 五六臥幟끼고 西으란 松嶽木嶽놓고[50]
한복판 세로누워 이곳景槪 도차지니
아마도 네이름分明 絕景인가 하노라

【현대어역】

이천년 진 사람 살고 얼마 뒤에 말 키웠나니
사람 자취 끊겼던가 말 그림자 끊겼던가
이 섬의 이름 절영(絕影)은 알길이 전혀 없구나

---

48) '적이늦어'는 '그로부터 그다지 늦지 않아서'의 뜻인데 현대어역에서는 '얼마 뒤에'로
풀이하였다.
49) '노여'는 "어떤 일을 반복하다"를 뜻하던 옛말 '뇌다'의 '-어' 활용형인데 여기서는 부사
어 '다시'의 뜻으로 "알길이 다시 없구나"를 말하는 것인데 현대어역에서는 '전혀'로
풀이하였다.
50) '絕影島' 즉 영도(影島)를 중심으로 동쪽에는 조도(鳥島)와 오륙도(五六島)가 있고 서
쪽에는 송도(松島, 솔섬)와 목도(木島, 나무섬)가 있다. 조도의 고유어 지명은 '아치섬'
인데 임진왜란 때 왜군이 이 섬에 깃발[旗幟]을 꽂아 놓자 이순신 장군의 수군이 그
깃발을 눕혔다[臥] 해서 '와치도(臥幟島)'라 한다는 민간어원설이 알려져 있다. 영도의
서쪽으로 소나무가 가득한 송도가 있고 멀찍이 인도양쪽으로 '나무섬' 즉 '목도'가 외따
로 떨어져 있다.

동에 오륙도 와치도 끼고 서에 송악목악 놓고

한복판에 세로로 누워 이곳 경개 도차지하니

아마도 네 이름 분명 절경(絕景)[51]인가 하노라

(16) 石人 丁泰鎭 先生

성근이 센수가마[52] 덕기어린 둥근얼굴

된고팡[53] 치렀건만 기꺼쉰붓 잡았나니

물빛에 굴러시신님 기튼일 울어예리

– 1952년 11월

【현대어역】

성글게 센 가마 덕기 어린 둥근 얼굴

심한 고비 치렀건만 기꺼이 쉰 붓 잡았나니

물빛에 굴러있으신 님 남긴 일 울어 예리

---

51) '絕影島'라는 이름이 '절영(絕影)'이 본래 '절경(絕景)'이 아니었겠는가 하는 뜻으로 이
  지역의 풍광이 아름답다는 뜻으로 하는 말이다.

52) 수가마 : '가마'의 강원, 경기 방언. 강원도 원주에서 성장한 추정 이강래 선생의 배경
  을 고려할 때, 강원 방언으로 이해된다.

53) 된고팡 : '된고팡'은 다른 곳에서는 찾아볼 수 없는 말로 '된고비'의 다른 말이다. 여기
  서는 조선어학회 사건으로 정태진 선생이 겪은 모진 시련을 가리키는 말로 이해된다.

(17) 一簑 方鍾鉉 先生

거칠은 이길닦이 뼈만엉성 하였나니
나잊고 일탐내다 아미반륜 따라지니
같은길 예는어린벗 천리서 우나이다

– 1952년 11월

【현대어역】

거친 이 길 닦이 뼈만 엉성하였나니
나 잊고 일 탐내다 아미 반륜[54] 따라 지니
같은 길 가는 어린[55] 벗 천리에서 우나이다

(18) 丁海賢

꽃보려 가꾼丁香 오는봄빛 손곱다가
兵車에 몸갈리어 고운그피 길적시니
반넘어 시절탓이라 애달픔 끝없어라

– 1952년 12월

---

54) 아비 반륜(蛾眉半輪)이란 아미산의 반륜(半輪), 즉 반달이라는 뜻으로 하현달(下弦달)
을 가리키는 말인데, 여기서 '아미 반륜 따라 지니'라는 표현은 결국 '서방 정토로 가다'
의 의미에서 방종현 선생의 죽음을 가리키는 것이다.
55) 여기서 '어리다'는 나이가 어리다는 뜻이 아니라 아는 것이 적다는 뜻의 겸사로 이해
된다.

【현대어역】

꽃 보려 가꾼 정향(丁香) 오는 봄빛 손 꼽다가
병거(兵車)에 몸 갈리어 고운 그 피 길 적시니
반 넘어 시절 탓이라 애달픔 끝 없어라

(19) 四二八五年 除夕

눈희여 맑은따에 달빛조차 밝아세라
온일년 흐린일을 이저녁에 덜어쉐라
오랴는 평화의신은 영광가득 지니세라

－1952년

【현대어역】

눈 희어 맑은 땅에 달빛조차 밝았어라
온 일 년 흐린 일을 이 저녁에 덜었어라
오랴 하는 평화의 신은 영광 가득 지니어라

【해설】

(15)의 〈絶影島〉 연시조는 부산 피난 시절 중인 1952년 봄에 경복중
학교의 교정이 있던 영도에서의 감회를 시조로 노래한 것이다. 부산
영도(影島)의 본 이름은 '절영도(絶影島)'였는데 이 섬은 멀리 삼국시

대부터 사람이 살았던 기록이 있으며 꽤 오래전부터 말을 키우는 목장으로 사용되었기 때문에 목도(牧島)라 부르기도 하였다. 흔히 이곳에서 사육된 명마가 빨리 달려 그림자조차 볼 수 없다 하여 '절영도'라고 부른다는 민간어원설이 있다.

(16)은 1952년 11월 갑작스레 돌아가신 석인 정태진 선생(1903~1952)을 추모하며 지은 시조이다. 정태진 선생은 조선어학회 사건의 발단이 되었던 함흥영생여고 사건에 처음 연루되어, 1942년 홍원경찰서에서 1년여 동안의 갖은 고문과 악형을 당한 뒤, 1945년 1월 16일 함흥지방법원에서 징역 2년을 받고 함흥형무소에서 옥고를 치렀다. 이후 해방 이후『큰사전』편찬에 주도적인 역할을 하다가 1952년 11월 2일 우리말『큰사전』넷째 권의 지형을 떠놓고, 고향인 파주로 식량을 구하러 가다가 타고 있던 군용트럭이 전복돼 50세를 일기로 세상을 떠나게 되었는데 이강래 선생은 조선어학회 사건 등을 거치면서 석인 정태진 선생과 가깝게 지내게 되었고 해방 후 한글학회를 통해『큰사전』편찬과 국어교원 양성 강습회 강사로 함께 일하면서 정을 쌓았었다.

(17)은 일사 방종현 선생(1905~1952)이 1952년 11월 18일, 숙환으로 47세의 젊은 나이로 사망하게 되자 한글학회 등에서의 오랜 인연을 추모하며 작성한 글이다. 일사 방종현 선생은 평안북도 정주 출신으로, 1928년 경성제국대학교 문과에 입학하여 경성제대 조선어학과와 동대학원에서 국어학을 전공하였다. 해방 후에는 서울대학교 문리과 대학 국문학과 교수를 지내면서 후학을 양성하는 한편 한글학회 이사를 역임하는 등 초창기 국어학이 학문으로 자리 잡는 데 중요한 역할을 하였다. 그의 학문은 주로 국어사 관계 자료의 정리와 해

석 및 국어학사에 집중되어 있었다고 할 수 있겠으나 속담이나 민속 등 국학 전반의 연구에 많은 훌륭한 업적을 남긴 바 있다. 역시 한글 학회의 『큰사전』을 만드는 일 등에서 이강래 선생과 깊은 교분이 있었던 듯하다.

(18)의 정해현(丁海賢)은 생년 미상의 이강래 선생의 지인이다. 아마도 1952년 12월에 교통사고로 비명횡사한 젊은 지인의 죽음을 안타깝게 여긴 추모 시조로 여겨진다. 시어로 선택된 '정향(丁香)'이라는 단어를 통해 이 시조의 대상 인물이 젊은 사람임을 추측해 볼 수 있다.

(19)는 1952년 제석(除夕) 즉 12월 31일에 한 해의 어려움을 정리하고 전쟁을 끝내고 평화를 추구하는 마음을 담았다.

二千年前 사람살든 적이 없어 꿈젓넜나

사람자취 끔젓던가 말그림자 꿈젓던가

미섬의 이름 絕影島 ...노미...

東으로 (小)
五云峙 憶 曹州...
...末...
반북건에 ...港口景槪...
도차지 니
아마도 네 이름 韓景...
...하노라 四二八五年 十月

설은이 丁泰鎭 先生
쎈수가라 ... 어린 동근얼굴
된교장 치럿건만 기꺼운벗 잡았나니

물빛에 굴러서 오넛나 기틀밑 울어버리
一襄 方鍾銘 先生 上同

거칠은 이길 닦이 뼈만 엉성 하엿나니
내 밋고 일맛겨 아끼반듯 하라직여
같은길 에는 어린 벗 천리서 우나이라

丁海賢
四二八五年 十二月

꼿보려 가꾼 丁書 오늘 봄빛 손곱다가
쏙車에 봄 갈갈하여 고운 고의
길쌈시니
끝이 없어라

반념의 시펄 탓비라 애달픔
四二八五年 除夕

눈 희며 맑은따에 달빛조차 밝히세라
온일편 흐린일을 이 저녁에 털어쉬라
오라는 청화의 신은 명광가두 지니세라

四二八五年 四月二十日 渡江못료

(20) 渡江 못하고

千里길 하루온몸 江건너 집을두고
묵색여 못가는맘 어이없어 바장이니
어쩔다 이江山우엔 막힌금 겹쳤는고

三角山 진중한채 반기면서 시름띠고
한강물 분한듯이 소리내어 흐르나니
시절아 애타는저들 바빠가게 하여라

－1952년 4월 21일

【현대어역】

천릿길 하루 온 몸 강 선너 집을 두고
묵삭여[56] 못 가는 맘 어이없어 바장이니[57]
어찌하다 이 강산 위엔 막힌 금 겹쳤는가

삼각산 진중한 채 반기면서 시름 띠고
한강물 분한 듯이 소리 내어 흐르나니
시절아 애타는 저들 바삐 가게 하여라

---

56) '묵색여'는 '묵삭여'의 잘못. '묵삭다'는 "오래되어 썩은 것처럼 되다"의 뜻인데 '묵삭이
다'는 사전에 등재되어 있지는 않지만 이 '묵삭다'의 사동형으로 이해된다.
57) 바장이다 : ①부질없이 짧은 거리를 오락가락 거닐다. ②마음에 걸리는 것이 있어
머뭇머뭇하다.

(21) 서울 市街

繁華를 자랑하던 이都市 凄凉하오
깨지고 얽은회壁 타다남은 검정들보
廢墟의 呼吸인듯이 찬바람만 휩쓴다

기왓장 벽돌쪼각 엉크러저 무덕이고
호박줄 옥수수잎 바람앞에 까들대오
이터전 이광경이란 뉘아니사 서긇오리
- 1951년 8월

【현대어역】

번화를 자랑하던 이 도시 처량하오
깨지고 얽은 회벽 타다 남은 검정 들보
폐허의 호흡인 듯이 찬바람만 휩쓴다

기왓장 벽돌조각 엉클어져 무덕지고[58]
호박줄 옥수숫잎 바람 앞에 까드락대고
이 터전 이 광경은 뉘 아니사 서글프리

---

[58] '무덕지다'는 "한데 수북이 쌓여 있거나 뭉쳐 있다"의 뜻이다. 원문의 '무덕이고'는 '무덕지고'의 뜻이다.

(22) 休戰

六·二五 뭉친가슴 七·二七에 미어지오
흘린피 보람없고 끊진허리 더잘리니
이따에 가득찬원한 풀릴날 언제일가

의분에 눈이붉은 國恥將兵 三年가득
싸움도 壯했지만 讓步에도 지나치오
지친몸 그럴법하나 남긴일 애매하다

울어도 북받치고 둘굴어도[59] 시원찮소
자기힘 약한겨레 모든일 이렇고나
남의탓 부지럾으니 내힘빠리 기르오자

우리님 모든주장 떳떳하고 굳세시다
자주권 당당하니 꿀치않을 무릅꿀가
온겨레 한마음되어 나갈길 밝히셨다

– 1953년 7월

【현대어역】

육이오 뭉친 가슴 칠이칠에 미어지오
흘린 피 보람 없고 끊어진 허리 더 잘리니

---

59) 둘굴어도 : '뒹굴어도'의 잘못.

이 땅에 가득찬 원한 풀릴 날 언제인가

의분에 눈이 붉은 국치장병(國恥將兵) 삼년 가득
싸움도 장했지만 양보에도 지나치오
지친 몸 그럴 법하나 남긴 일 애매하다

울어도 북받치고 뒹굴어도 시원찮소
자기 힘 약한 겨레 모든 일 이렇구나
남의 탓 부질없으니 내 힘 빨리 기르자

우리님 모든 주장 떳떳하고 굳세시다
자주권 당당하니 꿇지 않을 무릎 꿇을까
온 겨레 한마음 되어 나갈 길 밝히셨다

(23) 장마

三年間 아끼던비 이해들어 쏟았는가
거의달반 걸친장마 네들에 모다나니
希望에 잠긴저農夫 우슴짓고 물꼬본다
- 1953년 5, 6월

【현대어역】

삼년간 아끼던 비 이 해 들어 쏟았는가

거의 달 반 걸친 장마 네 들에 모여 나니
희망에 잠긴 저 농부 웃음짓고 물꼬 본다

【해설】

(20) 〈渡江 못하고〉 연시조는 1952년 4월에 경복훈육소 책임자가 되면서 서울에 급히 올라왔으나 쉽게 한강을 건너지 못하고 강 건너편에서 서울을 안타깝게 바라볼 수밖에 없었던 심정을 쓴 것이다. 첫번째 시조에서는 부산에서 서울까지 하루 만에 올라왔건만 어쩌다이 나라가 3.8선에, 휴전으로 그어질 전선이 겹치는 재앙을 겪게 되었는지를 한탄한다. 두 번째 시조에서는 삼각산과 한강수에 빙의하여 이 안타까운 세월이 한시바삐 지나가기를 기원하고 있다.

(21)의 연시조 〈서울 市街〉는 1951년 8월에 작성된 것으로 되어있으나 선생이 시조의 배열 순서를 시간 순서로 해 온 점이나 번화했던 서울 시가가 전쟁으로 폐허가 되고 만 것을 바라보는 안타까운 심정을 표현한 것으로 볼 때 1952년 8월을 1951년 8월로 잘못 적은 것은 아닌가 싶다.

(22)의 연시조 〈休戰〉에서는 시간을 훌쩍 뛰어넘어서 지리한 정전협정 끝에 휴전이 이루어진 1953년 7월 27일 직후에 쓰인 시조이다. 첫 연에서는, 첫 행에서 1950년 6월 25일에 맺힌 마음이 1953년 7월 27일에 찢어질 듯한 고통으로 남게 되었음을 토로하고 38선 위에 새로 그어진 휴전선에 대한 안타까움을 다루었고 두 번째 연에서는, 3년간의 장한 싸움 뒤에 지나친 양보에 대해 못마땅해하며 지친 마음은 이해할 수 있지만 휴전이라는 이름으로 애매하게 남겨진 협상의

결과에 대해 주의를 기울이고 있다. 한편 3연에서는 그럼에도 불구하고 억울해하고 있기만 하면 안 되며 남의 탓만 하지 말고 빨리 힘을 길러서 민족의 문제를 스스로 풀어보자고 하였다. 마지막 4연에서는 우리측 주장이 떳떳하며 당당하였음을 강조하고 자주권을 가지고 민족의 문제를 풀어 나가자는 희망에 찬 주장을 하고 있다.

한편 (23) 〈장마〉는 휴전을 전후해서 내린 장마에 대한 특별한 소회를 담은 시조이다. 1953년은 전쟁의 여파로 장마가 언제 시작되고 끝났는지 정확히 알 길이 없으나, 당시 6월에 내린 폭우로 인해 2명이 사망하고 100개가 넘는 진지와 6개의 다리가 파괴될 정도로 위력이 막강했다고 한다. 7월에도 폭우가 계속되어 국군의 보급에 차질이 생기고 공군의 지원도 끊겨졌으며, 나중에는 금성천 일대 방어라인을 포기할 정도로 엄청난 폭우가 쏟아졌다는 기록도 있다. 시조 〈장마〉에서는 이 시조를 지은 시기를 1953년 5, 6월이라고 하였고 시조의 내용 속에서 삼 년 동안 내리지 않던 비(장맛비)가 한 달 반 동안 쏟아졌다고 한 것을 볼 때 이 해 장마는 아마도 5월 말부터 시작되어 6월 말까지 거의 한 달 반 동안 계속된 것이 아닌가 한다.(다만 일반적으로 한국에서의 장마가 주로 6월 중하순에서 7월 말 사이에 내리는 것을 고려할 때 이때의 1953년 5, 6월이란 음력 5, 6월을 말하는 것인지 모르겠다.)

千里길　하루온몸　江건너　집을두고

못살며　못가는밤　너이없이　바장이니

비쪙라　이江山우에　막힌금　겹첬는고

二,

三角山　진중한채　반기면서　시늠때그

한강물　분한듯이　소티내어　흐르나니

시절이　뻐타는저들　바삐가게　하여라

四二四年八月　서울市街

쓸華를　자랑하던　이都루　慶涼하오

깨씨진　퇴싀璧　타라난은　검정들보

廢墟의　여吸인듯이　찬바람만　훨휩쓴다

기빨소리 벼를 잡아가 벼고려 무덕이가

효백들 옥수수이요 朋한밤맛비 까들때오

바태전 이땅경이란 내위아새 의요때으래

休我 … 모二소화 七月 用

七二五 뭉친가슴 七三大에 더버지오

흘린피 봄한방울그 끊지러지 더깔러러니

아깨에 가득친원한 풀러줄을 번제일간

비분에 눈이붉은 國聰修요 三부가득

싸움은 壯챗치한 讓岩에도 지나치오

처친몸 그럴면업데다 난끈일 애때래다

3

울며 북받치고 둥글어도 시원찮소

자기힘 약한 겨레 모든 일 이절고

남의 탓 부지럽없으니 내힘빠리 기르오자

4

우리님 • 모든주장 떳떳하면 굳세시라

자주권 당당하니 굴치않음을 무릎꿀가

온겨레 한마음되여 나갈길 바르히였네

장마 四二八六年 七次月

三十日間 바끼던네 비해들어 쏟았는가

거의달반 걸친장마 네들에 모라나니

축출에 잠인긔 農夫 우슴짓고 물끄본다

(24) 金璟燁

가올때 닥쳤으니 어이아니 보낼것가
몸이사 간다마는 모든자취 예있나니
맘으란 늘잊지말고 이學校를 사랑하소

－1956년 3월 3일

【현대어역】

가야할 때 닥쳤으니 어이 아니 보낼것인가
몸이야 간다마는 모든 자취 예 있나니
맘일랑 늘 잊지 말고 이 학교를 사랑하소

(25) 李斗鎔[60]

된고비 어제란듯 영광흐뭇 오늘일세
빗나간 발길돌려 지성껏 달렸나니
앞길도 이거울잡고 길이길이 나아가세

－1956년 3월 3일

---

60) 경복고등학교 제31회 졸업생. 이 뒤에 같은 졸업생인 이병호에 대한 시조를 쓰다 만
흔적이 있다.

된고비 어제란 듯 영광 흐뭇 오늘일세

빗나간 발길 돌려 지성껏 달렸나니

앞길도 이 거울 잡고 길이길이 나아가세

【해설】

김경엽(金璟燁)과 이두용(李斗鎔)은 모두 경복고등학교 제31회 졸업생
이다. 시조 (24)와 (25)는 이 두 학생의 졸업을 맞아 이강래 선생이
두 학생에게 졸업 이후의 마음가짐을 당부하는 내용을 담은 것이다.
김경엽 학생에게는 학교를 떠나지만 학교를 잊지 말고 늘 사랑할 것
을 강조하였고 이두용 학생에게는 어려움을 겪고 이겨낸 경험을 바
탕으로 앞으로도 꾸준히 자신만의 길을 갈 것을 당부하였다. 이두용
학생에게 쓴 시조의 뒤에는 같은 해 졸업생인 이병호에 대한 시조를
쓰다 만 흔적이 남아 있다.

갈째기 대했으니 너이 아니 보일것가

몸이사 간다마는 세월은 예 있나니

정신을 늘 잊지말고

맘으로 밴지때에 이글 싸울 사랑하소

金珖燮

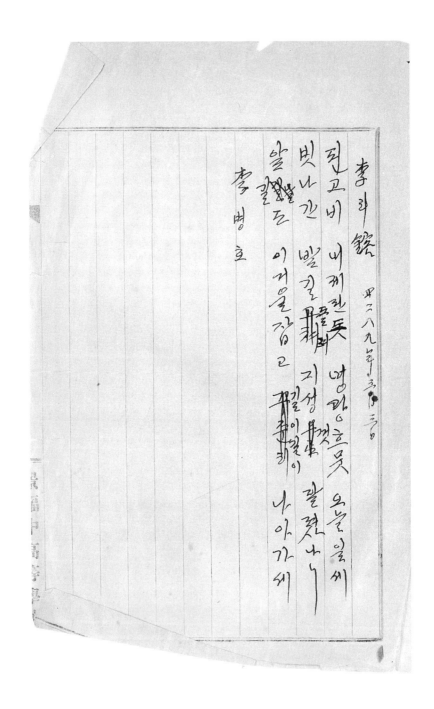

李화鏡 제二八九六 三○二를

된고비 내게 펼친 뜻 몃칠 못 오늘일세

빗나간 발길 耕지성 갈젓나니

알갈슬 드 이거을 잡고 나아가세

李병호

(26) 경복 졸업생을 보내며

밟아온 자드락길[61] 땀에젖은 발길이라
된고비 넘긴분네 서린숨[62] 내쉬리니
문앞에 큰나루놓여 풍세있다 어떠리

같은배 같이타고 가는물길 한골시라
龍榜[63]에 이름걸어 한생希求 이루리니
길러준 큰복[景福]의 감격 온가슴 흠뻑차리

해마다 늘보는일 볼때마다 대견하다
겉자라 丈夫이고 속닦아 金玉이니[64]
春風에 白髮날리나 마음느긋 하고녀

【현대어역】

밟아온 자드락길 땀에 젖은 발길이라
된 고비 넘긴 분네 서린 숨 내쉬리니
문 앞에 큰나루 놓여 풍세(風勢) 있다 어떠리

---

61) 자드락길 : 나지막한 산기슭의 비탈진 땅에 난 좁은 길.
62) 필사본에는 '서린숨길'로 되어 있다.
63) 龍榜 : 용방(龍榜)은 문과, 호방(虎榜)은 무과의 급제자를 알리는 방. 문과에 급제하기
   를 바라는 마음을 말한다.
64) 학생들이 겉모습은 다 자란 장부가 되었고 속모습은 귀하게 닦은 금옥(金玉)과 같다는
   뜻이다.

같은 배 같이 타고 가는 물길 한 곬⁶⁵⁾이라

용방에 이름 걸어 한 생(生) 희구(希求) 이루리니

길러 준 경복⁶⁶⁾의 감격 온 가슴 흠뻑 차리

해마다 늘 보는 일 볼 때마다 대견하다

겉 자라 장부(丈夫)이고 속 닦아 금옥(金玉)이니

춘풍에 백발 날리나 마음 느긋하구나

【해설】

이 연시조는 1957년 2월 25일 자로 발행된 경복고등학교(景福高等學校)의 교지 『학원(學苑)』 제15호에 실린 글이다. 졸업생(경복 제32회)을 떠나보내는 스승의 절절한 마음이 드러나 있다. 제1연에서는 북악산 자락 자드락길에 자리 잡은 경복고등학교의 생활을 거쳐 세상의 큰 바다로 나서는 나루터에서 세상의 바람을 맞는 자세를 이야기했고 제2연에서는 드넓은 세상의 바다에 같은 배 함께 타고 가는 동료들과 함께 세상에 이름을 남겨 학교의 명예를 드높일 것을 주문하고 있고 제3연에서는 매년 졸업생을 보내며 장부(丈夫)로 자라서 금옥(金玉) 같은 마음 자세로 살아가는 제자들을 보고 백발을 날리며 안심하고 지켜보는 노스승의 마음을 담았다. 원고를 싣기 전의 초고본인 필사본 원고도 따로 존재한다.

---

65) 곬 : 한쪽으로 트여 나가는 방향이나 길.

66) '경복'의 학교명은 학교가 위치한 조선 500년의 정궁 '경복궁(景福宮)'에서 가져온 말이거니와 그 뜻은 '큰 복'이라는 말로 "만인(萬人)이 사모하고 우러러 볼 만한 큰 복[大福]"을 가리킨다.

【해설 보충】

다음 자료는 교지 『학원』 제15호(1957년 2월)의 목차이다. 이 목차에는 '졸업생을 보내며'라는 제목의 이강래 선생의 글과 이강래 선생 삶의 줄거리를 한시로 적어 기린 백아 김창현 선생의 글이 나란히 실려 있어서 아마도 교지 『학원』 제15호를 출간할 때 전년인 1956년에 서울특별시교육회에서 교육 공로자로 표창을 수상하였고 이듬해인 1957년에는 문교부장관으로부터 한글공로자로 표창을 수상하던 무렵의 일을 기념하고자 하였음을 알 수 있다. 다음은 『학원』 제15호에 실린 〈졸업생을 보내며〉의 출간본이며 그 아래에는 이 시조의 초본(왼쪽)과 최종본(오른쪽)을 나란히 보였다.

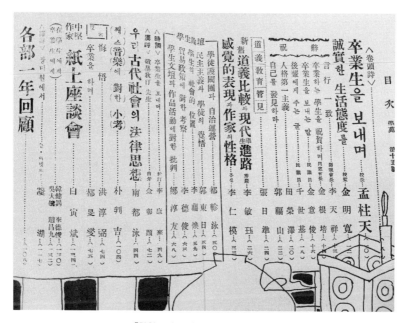

『학원』 제15호(1957년 2월)의 목차

〔時調〕

卒業生을 보내며

秋汀 李康來

밥아온 자드락길 땀에젖은 발길이라
된고비 넘전분네 서린숨 내쉬리니
문앞에 큰나무놓여 풍세있다 어떠리

같은배 같이타고 가는물길 한곬이라
觀榜에 이름걸어 학생希求 이루리니
길러준 큰복〔景福〕의 감격 온가슴 흥뻑차리

해마다 눈보는일 볼때마다 대견하다
뒨자라 丈夫이고 속닦아 金玉이니
春風에 日變날리니 마음느긋 하고녀

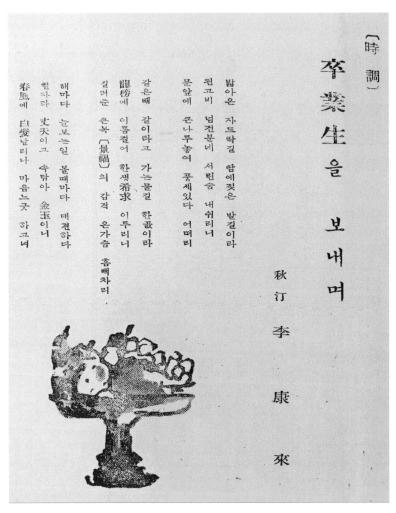

『학원』 제15호에 실린 〈졸업생을 보내며〉

No.

줄 인생을 보내며

밟아온 자드럭길 땀에젖은 발길이다-

되고비 넘긴분네 쉬던숨길 내쉬며 버리

문물새 큰나루놀며 흘새 잇는 라라들 어버리

갈은배 갈비타ㄹ 가는물길 한 끝시라

동방에 이름걸어 환생희구 이루리 처내

길려준 큰북의감격 온가슴 흠뻑차리

경희中學校 學徒部

20×10

No.

一 닮아온 자드락길

　되꼬삐 넘긴분네 사진솟길 내쉬...

　문앞에 큰나무놀며 풍세몬라 미이티

드 갈은배 같이타고 가문풀길 ...

　옹방에 이름걸어 한생회구 ...

드 길러순 큰북의 감격 은가슴 흠백자 ...

　해마라 늘보는일 볼때마라 ...

　걸지라 장부미고 속닥아 금복이니

　춘룽에 백발날리나 마음느곳라

20×10

(27) 한글날

어지신 님의천성 놀라우신 님의예지
새글자 페으신지[67] 오백이오 열한돐
금보다 더귀한천량[68] 우리문화 쌓올렸네

옛한때 거친바람 닫는앞길 괴롭히고
섬도둑[69] 독한이빨 생명조차 삼켰거니
굳세고 줄기찬그힘 막을줄이 있으랴

눈피해 한결찼고 숨죽여 기척감춰
한품고 모은어휘 십칠만이 자칫적다
우리얼 우리큰사전 오늘이야 소리쳤네

영능뜰 향연깊고 세계말숲 그루는다
올심거[70] 늦거두나 거룩한피 살아뛰니
오늘날 눈부신광명 불본듯이 뚜렷하리

---

67) 페으신지 : 펴신지. '페다'는 '펴다'의 충북, 경남지역 방언이다. 이강래 선생의 고향이
   충북인 점을 고려할 때, 충북 지역 방언이 반영된 것으로 이해된다.
68) 천량 : 한자어 '錢糧'의 백화어가 조선 시대에 들어와서 구어로 정착한 말. '돈' 혹은
   '재물'의 뜻으로 사용되다가 '개인 살림살이의 재산'이라는 뜻으로 정착하였다.
69) 섬도둑 : 일본을 가리키는 말이다.
70) '올심거'는 '올심다'의 활용형이다. '심다'는 '심다'의 옛말이고 '올-'은 '일찍'을 뜻하는
   접두사이다. 현대어로는 '일찍 심어'의 뜻이다.

【현대어역】

어지신 님의 천성 놀라우신 님의 예지

새 글자 펴신지 오백이요 열한 돌

금보다 더 귀한 재물 우리 문화 쌓아올렸네

옛 한때 거친 바람 걷는[71] 앞길 괴롭히고

섬도둑 독한 이빨 생명조차 삼켰거니

굳세고 줄기찬[72] 그 힘 막을 줄이 있으랴

눈 피해 한결 찼고 숨 죽여 기척 감춰[73]

한 품고 모은 어휘 십칠만이 자칫 적다[74]

우리얼 우리 큰사전 오늘에야 소리 쳤네

영릉 뜰 향연 깊고 세계 말숲 그루 는다[75]

일찍 심어 늦게 거두나 거룩한 피 살아 뛰니

오늘날 눈부신 광명 불 본 듯이 뚜렷하리

---

71) 현대국어 '닫다'는 '빨리 뛰어가다'의 뜻이지만 여기서는 단순히 '앞으로 걸어가다'의
   의미로 사용되었다.
72) 줄기차다 : 억세고 세차게 계속되어 끊임없다.
73) 조선어학회에서 일제의 눈을 피해서 한결 차게 숨 죽여 기척을 감춰 가며 큰사전을
   준비해 온 과정을 말한다.
74) 1947년에 1권, 1957년에 6권으로 완간된 큰사전에는 순우리말·한자말·외래어·관용
   어·사투리·은어(변말)·곁말을 비롯하여 고유명사·전문어·제도어·고어(옛말)·이두
   등 총 16만 4125어휘가 실렸다. '17만이 자칫 적다'는 것은 이를 가리키는 말이다.
75) '세계 말숲 그루 는다'는 것은 '언어'를 '숲'으로 '어휘'를 '나무 그루'에 비유한 표현이
   다. 큰사전의 편찬으로 세계의 언어에 제대로 된 어휘가 늘어나게 됨을 비유한 말이다.

【해설】

이 글은 1957년 10월 9일(511주년 한글날)에, 『큰사전』 6권이 모두 완성된 감격을 표현한 글이다. 『큰사전』의 완간은 우리 민족사적 측면에서도 중요한 일이지만 조선어학회 사건으로 고초를 겪으신 이강래 선생의 입장에서는 남다른 감회가 있었을 것으로 판단된다. 선생이 남긴 여러 편의 글 가운데 가장 주제 의식이 분명한 글이라고도 할 수 있다. 총 4편의 연시조로 이루어졌으며 그 첫째 연에서는 세종에 의해 새 글자 한글이 만들어진 지 511돌 되는 1957년에 우리 문화의 금자탑이라 할 수 있는 『큰사전』이 출간되었음을 표명하였다. 둘째 연에서는 일본에 나라를 빼앗겼으나 민족의 얼을 빼앗길 수 없다는 의지를, 셋째 연에서는 압제의 눈을 피해서 숨을 죽여 가며 17만 어휘를 모아 만든 『큰사전』을 드디어 완간하게 된 기쁨을 노래하였다. 마지막 연에서는 세종의 뜻이 인류의 언어를 확장하는 일이었으며 일찍 심어 늦게 거두었지만 그 광휘가 뚜렷할 것임을 강조하였다.

1. 머지신 넘 위쳐서° 놀라운신 넘의 베지
   새글자 레옹신지 오백여오 멸한 풀
   금보다 더키한 천량 우리문화 쌍 올쳤네

2. 빗칸때 거친바람 만년쌀길 리듬치고
   쉽도록 뚝한이빨 생명조차 심켰거니
   굴씨ㅇ 줄기찬 그힘 박불줄이 있으리

3. 눈희해 한겔 찼ㅇ 숨죽네 기쳐간쳐
   한푼은 목은비휘 심철깐이 잘췄ㅅ적ㄹ
   우리발 울릐큰사천 오늘이니 소릐쳤네

4. 병능뜰 찬한 길고 세계말 숲 그루는다
   울시미어 늦거수나 거룩한희 살여뛰ㄴ
   오늘날 눈붓신 광명 불불듯이 뚜렸라되

(28) 顯忠日

뼈저린 원한품고 九泉에 우는님을
情禮로 드린慰安 安慰포근 하올손가
무덤앞 누르붉은꽃 心懷오직 새로워라

悲痛이 사못치니 검은구름 해가리고[76]
憤怒를 뿜어내니 찬바람 땅에돈다
뭉치고 맺친恨풀길 다만지[77] 하나이라

피엉긴 墻壁헐어 옛살림 다시찾고
자유진 기빨모고 모진물 쓸어낼제
님의넋 영광과기쁨 日月따라 누리시리

– 1958년

【현대어역】

뼈저린 원한 품고 구천에 우는 임을
정례(情禮)로 드린 위안 안위 포근 할손가
무덤 앞 누르붉은 꽃 심회 오직 새로워라

비통이 사무치니 검은 구름 해 가리고

---

76) 이 시를 쓴 날, 날이 흐리고 바람이 찼다.
77) 다만지 : '다만'의 옛말. '다만 只'를 하나의 단어로 쓰던 말이다.

분노를 뿜어 내니 찬바람 땅에 돈다
뭉치고 맺힌 한 풀길은 다만 하나이다

피 엉킨 담벽 헐어 옛 살림 다시 찾고
자유진 깃발 모으고 모진 물 쓸어 낼 때
님의 넋 영광과 기쁨 일월 따라 누리시리

【해설】

이 연시조는 1958년 6월 6일, 현충일을 맞아 선열의 묘소를 찾아 제를 올리고 사무친 마음을 글로 쓴 것이다. 전쟁의 상흔에서 벗어나 자유의 깃발을 드높여 조국을 위해 목숨을 바친 이들의 영령과 함께 번영을 누리겠다는 의지를 보인 것이다.

(29) 무제 1

어느덧 일흔네돐 성탄절 그의다음
푸른봄 푸른꿈은 폭풍에 다날리고
두귀밑 늘어진은실 시름이 삼천장을

찬부엌 짧은치마 열과성 그의온몸
바빠른 선비살림 근검에 재치있어
상우에 벌려논진수 정성껏 이한상을

네그루 귀한나무 뜰에가득 그의그늘
고운꽃 묘한열음 뒤섞여 번화자랑
백발수 춘설이되고 기쁨이 한아름을

【현대어역】

어느덧 일흔네 돌 성탄절 그 다음날
푸른 봄 푸른 꿈은 폭풍에 다 날리고
두 귀 밑 늘어진 은실 시름이 삼천 장을

찬 부엌 짧은 치마 열과 성 그의 온몸
발빠른 선비살림 근검에 재치있어
상 위에 벌려놓은 진수 정성껏 이 한 상을

네 그루 귀한 나무 뜰에 가득 그의 그늘

고운 꽃 묘한 열매 뒤섞여 번화(繁華) 자랑
백발수염 춘설(春雪)이 되고 기쁨이 한아름을

【해설】

제목을 따로 달지 않은 이 연시조는 1958년(戊戌) 12월 26일(陰 11월 16일)에 쓴 글로, 자신의 74년 삶의 여정을 돌아보고 아내 안화옥의 지극 정성 보살핌에 감사하며 현재의 삶에 자족함을 표현한 글이다. 첫째 연에서는 74세 되는 성탄절 다음날 젊음이 지나간 뒤 늘어진 흰머리만큼이나 깊은 시름을 안고 있음을 말하고 둘째 연에서는 없는 살림에 근검절약으로 선비의 살림을 살아온 아내가 정성껏 차려온 생일상에 대한 감동을 담았다. 셋째 연에서는 네 자녀가 모두 잘 자라 가정이 번성해 가고 있음에 만족하는 마음을 담고 있다. 선생에게는 두 딸과 두 아들이 있었는데 큰아들 용정은 대를 잇기 위한 양자였고, 두 딸 용완과 용진은 재취 안상익에게서, 둘째 아들 용익은 삼취 안화옥에게서 얻었다.

戊戌年陰 十一月 二十六日　陽 十二月 二十六日

一, 어느덧 일흔 해라 성탄절 그 비라음
　　무른 봄 풀풀 꿈은 꽃동에 다 날리고
　　두 귀 밑 늘어진 은실 시름이 삼천장을

二, 찬 북밑 잽싸 치마 별써라 그 비운
　　빼빼른 전비 살렸 곤 걸에 재치있나니
　　삶에 발해 논 정체 쟁물

三, 네모 두 귀한나무 뜰에 가득 그 비 그늘
　　고운 꽃 못할 멀을 뒤섞어 변화자랑
　　백발수 흰 걸이 회고 기쁨이 한 아람을

(30) 木浦와 麗水 消息 듣고

님갈려 천리온손 어린듯 앉았나니
가슴메고 밸끊지는 괴롬의 장막쓰고
아마도 이몸의잘못 속죄할길 없어라

【현대어역】
님과 갈리어서 천리 온 길손 얼빠진 듯 앉았나니
가슴 메고 창자 끊어지는 괴로움의 장막을 쓰고
아마도 이 몸의 잘못 속죄할 길 없어라

(31) 무제 2

대양을 거너기는 상기도 멀었나니
상아때 굳게잡고 험한물결 막아내어
바라는 저편언덕을 탐탐하게 차게소

눈개어 맑은날 님을찾아 성문나니
살림은 어슷하나 兵車는 상기로세
이내몸 맘둘곳없어 취고시름 잊으리라

【현대어역】

대양을 건너기는 아직도 멀었나니

상앗대[78] 굳게 잡고 험한 물결 막아 내어

바라는 저 편 언덕을 탐탐하게[79] 차겠소

눈 개어 맑은 날 님을 찾아 성문을 나서니

살림은 어슷하나 병거(兵車)는 아직일세

이 내 몸 맘 둘 곳 없어 취하고 시름 잊으리라

【해설】

그 밖에 (30)과 (31)은 작성 연도 및 시조를 지은 동기를 정확히 알기 어려운 것들이다. (30) 〈木浦와 麗水 消息 듣고〉는 내용상 부산 피난 시기의 시조로 보이나 정확하지 않다.

---

78) 상앗대 : 배질을 할 때 쓰는 긴 막대. 배를 댈 때나 띄울 때, 또는 물이 얕은 곳에서 배를 밀어 나갈 때 쓴다.

79) 탐탐하다 : 모양이나 태도, 또는 어떤 일 따위가 마음에 들어 만족하다.

가슴에 매킨 별 끗지는 ...

아마도 이봄이 잘 못

2. 한시

선생은 일찍부터 한학에 몰두하여 한시에 능하였다. 다만 일제강점기 선생의 개인 문서들은 여러 가지 이유로 분실, 망실되었기 때문에 한시 자료들도 대부분 해방된 이후의 일부 자료만 남아 있을 뿐이다.

(1) 餞別韻 乙酉陰二月二十七日

전별시 1945년 음력 2월 27일(양력 4월 9일)

風風雨雨做春寒	바람 불고 비 내려 꽃샘추위 닥치니
況說燈前道路難	하물며 등 비추는 도로의 험난함이야.
盂酒明朝眞悵別	한 잔의 술로 내일 아침 아쉽게 이별하니
大書何日報平安	큰 글씨로 언제 평안하다 전해 주리오.
亦憎輕薄隣鷄唱	이웃 닭 경박하게 우는 소리 밉고
奈忍參差驛樹看	역전 나무 가지런하지 않은 모습 보일까.
相憶相逢都是夢	서로 그리워하고 만나는 것 모두 꿈이니
也應睡到日三竿	분명 해가 중천에 떠 있을 때까지 잘 것이라.
平菴	평암

接隣未滿歲三經　이웃으로 지낸지 3년이 안 되지만[1]

幸爾交情便不輕　다행히 서로의 정이 가볍지 않네.

話皆有益眞師友　나눈 이야기 유익하니 참 사우이고

誼到無間若弟兄　정의는 격의 없는 형제 같았네.

縱難瓊果爲相報　비록 시를 지어 서로 주고받기 어렵지만

只悅蓬麻[2]得寄生　좋은 친구로 함께 할 수 있음을 기뻐하네.

會尙晚遲離反速　늦게까지 모임은 좋지만 떠날 시간 빨리오니

嗟人白髮此中成　아! 사람의 백발이 이 때문에 생기는구나.

　　　　然居　　　　　　　　　　　　　　　　연거(윤성)

約車治裝又今年　수레 준비하고 짐 꾸려 또 올해가 되었는데

卽看燕鴻飛兩邊　보이는 건 제비와 기러기 양쪽에서 나는 것이라.

平村雨細仲春日　평동(平洞)의 가랑비 내리는 2월 어느 날

達嶺[3]風寒亭午天　박달재의 찬바람 불어오는 정오 날씨.

離情潭水千尋碧　이별의 정은 천 길 푸른 못물처럼 깊고

晉路雲花百里連　가는 길의 구름은 백리에 이어졌네.

東出陽梅無故舊　동쪽으로 (양)매촌을 나서면 친구가 없고

---

1) 선생이 제천시 백운면 평동에서 은거한 시간은 만으로는 1년 7개월에 불과하지만 햇수
　로는 1943년~1945년까지 약 3년에 걸쳐 있으므로 이와 같이 표현한 것이다.

2) '봉마(蓬麻)'는 '봉생마중(蓬生麻中)'의 준말로 훌륭한 벗과 교유하게 되었다는 말이
　다. 『순자』 권학문(勸學文)에 이르기를 "쑥이 삼대 밭에 나면 붙잡아 주지 않아도
　곧아진다.[蓬生麻中, 不扶而直.]" 하였는데 이를 통해 '쑥이 삼대를 만나면 곧게 자라
　게 된다'는 뜻에서 '좋은 친구'를 뜻하는 말로 사용된다.

3) 達嶺 : 박달령(朴達嶺), 박달재. 박달고개. 충북 제천시 봉양면과 백운면 경계에 있는
　해발 504m의 고개 이름이다.

我行轉眄不能前　　나의 행차 순식간이라 나아갈 수가 없네.

秋汀　　　　　　　　　　　　　　　　　추정(이강래)

【해설】

추정 이강래 선생은 1942년~1943년에 걸쳐 조선어학회 사전으로 고초를 겪으신 후, 1943년 9월 20일부터 충북 제천군 백운면 평동으로 와서 은거하였다. 이때 제천 지역의 시인묵객들과 교유하며 지냈다.

　이 한시는 1945년 4월에 선생이 배화여중에 복직하게 되면서 평동에서 가까이 지내던 평암(平菴) 및 연거(然居) 윤성(尹□) 등과 전별하면서 주고받은 것이다. 마지막 시를 쓴 연거 윤성은 제천 백운학원의 창립자로 1957년 9월 9일에 백운면에 거주하는 아홉 노인들과 함께 백운 구로회(九老會)를 결성하고 경은사[4] 앞 개울가에 있는 자연석 바위에 9명(민춘식, 심상옥, 이용태, 민정식, 윤흠, 신형묵, 윤성, 민건식, 허선)의 호와 이름을 각인했다고 하는데 평암은 이들 중 한 명으로 추정된다.

　평암의 한시(첫 번째)와 연거의 한시(두 번째)가 추정 선생을 떠나보내는 섭섭한 마음을 주로 담고 있다면 추정 선생의 한시(세 번째)에는 떠나는 이의 안타까운 마음과 함께 조선어학회 사건으로 몸 둘 곳 없던 자신을 받아준 백운면 평동마을에 대한 애정을 함께 담고 있다.

---

4) 경은사(慶恩寺)는 충청북도 제천시 백운면 평동리 107-1에 위치한 대한불교조계종 산하의 사찰로 도덕암(道德庵) 혹은 백운암(白雲庵)이라고도 불렸는데 1939년 화재로 전소(全燒)되었다가 1940년 운경화상이 중창하여 백운사(白雲寺)로 불렸으며, 1942년에 화재로 전소된 법당을 재건하면서 사찰 명칭을 경은사로 바꾸어 지금에 이른다.

충북 제천군 백운면은 조선 말 충주군 산척면에 속했던 지역으로 남쪽에서 국도 38호선이 동서 방향으로 뻗어 있어 동쪽으로 모정리·평동리를 지나 박달재(박달령)로 이어지고, 서쪽으로 다릿재 터널을 지나 충주시 산척면 송강리로 이어지며, 시도 22호선이 남북 방향으로 지나다 국도 38호선과 연결된다.

추정 선생의 한시 곳곳에는 평촌(평동), 달령(박달재), 양매(매촌마을) 등 지명들을 통해 정든 제천시 백운면 일대를 떠나는 안타까움을 더하고 있다.

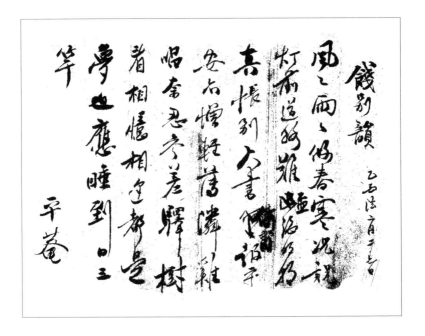

約車促裝又今年
今看燕鴻飛兩處
辛卯雨細伸春日達
嶺風寒亭亭平矢艱
情溥水千尋碧晉
晚雪花百里連東出
渴梅無以舊我行
騁眹石鳩前

橋溝車滿島三經車
甬文情便不輕話答
寶盃吾師友誼到
無間若弟兄光維難
瓊果舊相報此悅
蓬床得寄生金名
晚逢旌及連嗟人
白髮此平成

(2) 무제

疎闊擬如滿大江	아득하니 큰 강을 가득 채운 듯
谷雲爲我導山窓	골짜기 구름 나를 산창(山窓)[5]으로 이끄네.
洞有仙緣飛白鴈	마을에는 신선 인연이 있어 흰 기러기 날고
門無俗撓倦靑龍	문에는 속세의 요란함이 없어 청룡이 게으르네.
復歸多士連床幾	돌아온 사람들 함께한 자리 얼마였던고
比屋群兒戱蟻雙	늘어선 집의 아이들 정답게 놀고 있구나.
歲華將暮天風急	한 해가 저물어감에 하늘 바람이 세차니
偸得安閒對酒釭	평온함을 얻어 술잔을 마주하네.
曾聞雅會已多時	듣자하니 좋은 모임 이미 여러 번인지라
二度膏車[6]車到遲	세 번 떠날 채비를 하였으나 수레는 더디기만 하네.
幸從能事谷雲路	다행히 좋은 일로 골짜기 구름길을 따라
敬讀吟壇心磬詩	공경히 시단(詩壇)의 심경[7] 시를 읽는구나.

---

5) 산창(山窓) : 산에 있는 집의 창.

6) '고거(膏車)'는 당나라 한유(韓愈)의 〈송이원귀반곡서(送李愿歸盤曲序)〉에 "내 수레에 기름 치고 내 말을 잘 먹여서 그대 따라 반곡에서 한가로이 살다가 나의 생애를 마치리라.[膏吾車兮 秣吾馬 從子于盤兮 終吾生以徜徉]" 한데서 나온 것으로 '떠날 채비를 한다'는 뜻이다.

7) 심경(心磬) : 『논어(論語)』 헌문(憲問) 편에 나오는 이야기로, 삼태기를 메고 지나가던 자가 공자가 경쇠 치는 소리를 듣고는, "깊은 생각이 있구나, 경쇠를 치는 자여![有心哉 擊磬者]" 하였다가, 다시 "비루하구나, 띵띵거리는 소리여! 자신을 알아주지 않으면 그만두면 될 일이 아닌가! 물이 깊으면 옷을 벗고 잠뱅이 바람으로 건너고, 물이 얕으면 옷을 걷고 건널 일이다." 하였다는 일화에서 '마음의 울림'을 가리키는 말로 사용되었다. 곧 '심경시(心磬詩)'란 '마음을 울리는 시'를 가리킨다.

荒原舊路埋塵土　횅한 언덕 옛 길 진토에 뒤덮이고

飛急寒鴉過林枝　세차게 나는 까마귀 숲을 지나네.

風月一金閒自足　일금(一金)의 가치 지닌 풍월에 한가로이 자족
　　　　　　　　하니

此中清趣少人知　이곳의 맑은 정취 아는 사람 몇일까.

雪晴雲散日暉暉　눈 그치고 구름 흩어지며 햇볕 환한데

詩會君家客不稀　그대 집에서 시회(詩會)를 여니 찾는 이 적지 않네.

高閣千門連更遠　높다랗고 많은 집 이어졌다 다시 멀어지고

大車一路走如飛　도로에 큰 차들은 나는 듯 달리네.

青春遺直[8]雄心在　청춘 시절 유직하며 큰 뜻이 있었지만

白首浩歌萬事違　늙은이의 호탕한 노래, 만사가 어그러지네.

醉倒尊前任自適　술 앞에서 취하여 쓰러지며 자적하니[9]

此身忘是又忘非　이 몸은 옳음도 그름도 모두 잊었다네.

退休宗士[10]依山居　퇴직한 으뜸선비 산에 의지해 사는데

倦屐來尋是歲初　피곤한 몸 이끌고 찾은 것이 올 초라.

瘦梅花發初春日　여윈 매화 이른 봄날 꽃 피우고

---

8)　유직(遺直) : 올곧은 도[直道]를 행하여 고인(古人)의 유풍(遺風)을 지닌 사람을 말한
　　다. 공자가 춘추 시대 진(晉)나라 숙향(叔向)에 대해서 "옛날의 유직이다.[古之遺直
　　也]"라고 칭찬한 고사가 있다.

9)　자적하다(自適--) : 아무런 속박을 받지 않고 마음껏 즐기다.

10)　宗士 : 여기서 '종사(宗士)'는 일상적인 한자어가 아니다. 역사적으로 '宗士'는 중국
　　북위(北魏) 시절의 관료를 나타내는 용법이 알려져 있지만 이 한시에서는 그러한 용법
　　으로 보기 어렵기 때문에 단순히 '(퇴직한) 으뜸선비'로 번역하였다.

短架□閱古典書　　　　짧은 시렁 □□에서 고전을 열람하네.

雄齋□□心·□照[11]　　…

殷盛時需計不疎　　　　손님 대접 성대하니 생각이 빈틈없네.

有約經句頻入夢　　　　시구를 짓겠다는 약속에 자주 꿈을 꾸니

放歌縱酒樂猶餘　　　　마음껏 노래하고 술 마시며 여유로움 즐기네.

【해설】

이 시는 선생이 충북 제천시 백운면에 은거하던 무렵에 지어진 것으로 보인다. 위의 전별시들에 앞서서 지어진 것으로 보이는데 내용 구성상 뒤에 배치하였다. 시의 내용은 산골짜기 마을인 백운면에 은거하면서 시인 묵객들의 시회에 초대를 받아 그 감회를 4연의 칠언율시로 읊은 것이다.

---

11) 이 부분은 본래 썼던 글의 윗부분에 따로 글을 수정하여 덧붙인 것인데 글자가 겹쳐서 정확한 판독이 어려워서 번역하지 못하였다.

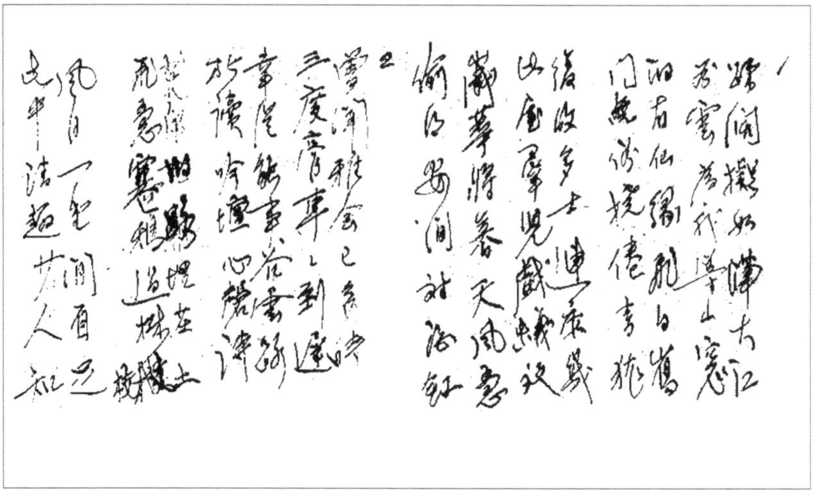

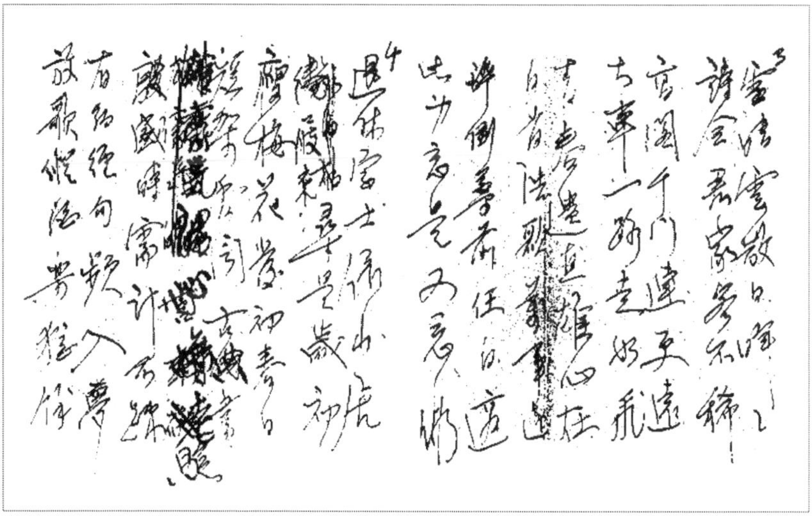

(3) 李康來 先生 이강래 선생께

李生慰呈   이생이 위로하며 드립니다

仁旺山頂月明夜   인왕산 봉우리의 달 밝은 밤
先生高躅我自知   선생의 높으신 자취 저는 알고 있답니다.
風塵世界荒波裡   험난한 인간 세상 거친 파도 속
君子德行向誰論   군자의 덕행 누구와 논할까요.

【해설】

1949년 이강래 선생은 배화여중의 교장으로 재임 중에 좌익계 교사들의 방해 공작 및 재단 측과 갈등을 겪다가 결국 학교를 그만두게 되었다. 이 글은 이때의 이강래 선생의 아픔에 공감하는 '이생(李生)'이라는 분이 선생의 심사를 위로하는 글로 지어 준 것이다. 이 시를 쓴 '이생'은 누구인지 분명하지 않지만, 인왕산 자락에 자리 잡은 배화여중을 떠나야 했던 이강래 선생의 높은 덕을 이해하고 있으며 험난한 인간 세상 속의 거친 파도 속을 앞으로 누구와 함께 논할지를 한탄한 것을 볼 때, 배화여중의 관계자가 아니었을까 추정해 본다.

李 康来 先生

李生慰呈

仁旺山頂月明夜
先生高蹈我自知
風塵世界荒渡裡
君子德行向誰論

李康来 先生

李生慰呈

(4) 釜山大廳洞 庚寅除夕 부산 대청동 경인년 섣달그믐[12]

守歲寒燈影島前	섣달그믐 영도 앞 쓸쓸한 등불
微軀短策來千里	작은 몸 짧은 지팡이로 천리 내달려왔네.
悲哀苦痛摠今年	비애의 고통이 모두 올 한해의 일
稚子弱妻散四邊	어린 자식과 약한 아내 사방에 흩어졌네.
脩竹因風飜欲倒	긴 대나무 바람 따라 넘어갈 듯 흔들리고
京師進擊尙無聞	서울 진격 소식 아직 들리는 바 없네.
疎星在戶耿如眠	듬성한 별 창가에서 희미하게 밝으니
聊得何時破狄燕	언제 중공군 격파했다는 소식 들을까?

【해설】

6·25전쟁이 일어난 해인, 경인년(庚寅年)의 섣달그믐은 1950년 음력 12월 29일로 양력으로는 1951년 2월 5일이다. 이강래 선생을 비롯하여 많은 사람들이 부산에 피난 내려와서 처음 맞이한 섣달그믐이다. 이때는 둘째 아들(이용익)이 태어난 지 만 3년이 안 되었을 때인데 몸이 약한 아내에게 맡기고 뿔뿔이 흩어질 수밖에 없는 상황이었다. 그때 아내는 어린 아들을 데리고 음성 여동생네로 피난 가 있었으나 소식을 알 수는 없었다. 9·28수복 이후 북진하던 연합군이 중공군의 참전(10.14.)으로 다시금 밀려 내려오게 되면서 1951년 1월 1일에 서

---

12) 경인년(庚寅年)은 1950년이다. 경인년 섣달그믐은 1950년 음력 12월 30일로 한국전쟁으로 부산에 피난 내려와서 처음 맞이한 섣달그믐이다.

울을 다시 **빼앗겨** 이른바 1·4후퇴를 하게 되었는데 이 한시는 그러한 상황에서 '狄燕(연나라 오랑캐)' 즉 중공군을 언제나 격파했다는 소식을 들을 수 있을지 안타까워하는 마음을 담은 것이다. 그 당시 단신으로 부산에 내려와 경복중학교 피난학교를 준비하고 있던 선생이 혼자 섣달그믐을 맞아 느끼는 비애와 고통을 노래한 글이다. 서울의 재탈환은 연합군과 한국군의 치열한 공격에도 쉽게 이루어지지 못하다가 3월 14일에 가서야 이루어졌다.

(5) 辛卯元日 신묘년 설날

玉兎躍登老虎遇	옥토끼 뛰어올라 늙은 범 만나니
靑春作伴從歸路	청춘을 짝 삼아 돌아갈 길 따르네.
迎新此日願念多	새해 맞는 이 날 바라는 것 많지만
各報平安入舊家	평안 소식 각 집에 들어가기를.

【해설】

신묘년(辛卯年)은 1951년이다. 신묘년 음력 설날을 양력으로 환산하
면 1951년 2월 6일이다. 호랑이해인 경인년을 지나 보내고 신묘년
흰토끼의 해를 맞아 소망할 것은 오직 전쟁이 끝나서 각자 평안하게
옛집에 돌아갈 수 있다는 소식이 들리기만을 기다리는 마음뿐임을
한시에 담았다.

(6) 辛卯上元 신묘년 정월대보름

鄕園北望一千里	북으로 바라보니 고향 동산 일천리
步月淸宵含淚客	맑은 밤 달빛에 거니는 눈물 머금은 객.
砲火煙塵鬱未開	포화의 연기 속에 답답함 가시지 않으니
夢中來去舊亭臺	꿈속에서나마 옛 노닐던 곳 오가는구나.

【해설】

신묘년 정월대보름을 양력으로 환산하면 1951년 2월 21일이다. 보름
달을 바라보며 전쟁으로 피난살이 내려와 북쪽에 두고 온 정든 마을
을 그리워하는 마음이 꿈속에도 간절하다.

釜山六廳洞過庚寅除夕

守歲寒燈影島前　微躬短策未千里
悲氣若痛抱今年　稚子阿妻散四邊
脩竹園風飜欲倒　京師進擊尚無聞
踈星在戶眠如眠　聊得何時破狄燕

辛卯元日

王宅躍登老屏過　青春作伴從故路
近新此夕願念多　各報平安入舊家

辛卯上元

鄉園北望一千里　步月淸宵舍派客
砲火烟塵聲未聞　夢中走去蕭亭墓

(7-1) 水落山 수락산

儘日選勝杖策尋	종일 좋은 경치 골라 지팡이 짚고 찾으니
簷端風送雙魚響	처마 끝 바람에 풍경소리 들려오네.
漢園靈境試登臨	서울의 신령한 곳 한 번 올라보니
庭畔露落古樹陰	뜨락의 이슬 고목 그늘에 맺혀있네.
石罅寒漿淸病肺	돌 틈 차가운 물 병든 폐를 맑게 하니
超然物外塵喧息	초연히 물외(物外)의 시끄러움 사라지네.
巖根秋色動詩心	바위 뿌리 가을빛은 시심을 움직이고
松籟澗流作好音	솔바람 시냇물 모두 좋은 소리이구나.
白牙 金彰顯	백아 김창현

(7-2) 水落山次韻 수락산시 차운

閒逍物外遠來尋	세상 밖에서 한가롭게 소요하고자 멀리 와 찾으니
遊豫林間紅葉晚	숲 속에서 놀다 보니 늦가을 단풍이 들었네.
攀陟高岡勝地臨	높은 산 힘써 올라 좋은 곳에 다다르니
縱觀嶺上白雲陰	산봉우리와 흰 구름 그늘 마음껏 본다네.
凌宵石角千釣勢	하늘 찌를 듯한 돌 모서리는 천발 낚싯대 형세
秋日風光雖靳固	가을날 풍경은 참으로 아끼고 지킬만하네.
擬玉泉流萬里心	맑은 샘물 만 리 향하는 마음에 비기고
更期好鳥囀淸音	좋은 새 지저귐은 맑은 소리 기약하네.

散策東郊水落尋　동구 밖을 산책하며 수락산을 찾으니

全區誇示三秋色　온통 완연한 가을빛을 내뿜고 있네.

迂迴谿谷可登臨　계곡을 빙 돌아 산에 올라보니

碧岫深藏太古心　산은 태고의 마음을 깊이 간직하였네.

梅月淸高孤竹節　매월당[13]의 청고함은 곧은 대나무의 절개이고

奚囊[14]收拾看來景　해낭에 주워 담으며 마주하는 경치를 보네.

漢園靜秘老松陰　서울은 고요히 노송의 그늘을 간직하고

珠玉琤琤好韻音　주옥은 쟁그랑 좋은 소리 울리네.

【해설】

위의 두 한시는 정확히 언제 지어졌는지는 알 수 없지만 부산 피난 생활에서 서울로 돌아와서 경복고등학교 교사로 학교생활을 다시 시작하게 된 뒤 학교의 동료로 만나서 친하게 된 백아(白牙) 김창현(金彰顯) 선생과 수락산을 찾아 가을 산행을 하면서 한시를 주고받은 것이다. 이제는 전쟁의 포화에서 완전히 벗어나서 평화로운 일상으로 돌아와 서울의 명소 수락산을 찾아 늦가을의 정취와 산세를 즐기는 마음을 담고 있다.

　백아 김창현 선생은 1952년 9월 경복고등학교에 부임하였다. 이때는 1951년 8월 6년제 경복중학교가 중학교(창의중학교)와 고등학교(경

---

13) 매월당(梅月堂)：김시습(金時習, 1435~1493)을 말한다.

14) 해(奚)는 하인이다. 당(唐)나라 때 시인 이하(李賀)가 외출할 때, 종에게 비단 주머니를 가지고 따라다니게 하면서 시를 지으면 그 속에 넣었다는 고사에서 나온 말로, 시를 담는 주머니를 말한다.

복고등학교)로 분리된 후 이강래 선생이 경복중학교 교감을 사임하고 경복고등학교 교사로 임명되었을 때였다. 이후 1961년 5월 김창현 선생이 타교로 전근 갈 때까지 한문을 가르치는 한편 경복고등학교의 문예반을 지도하여 경복고등학교의 교지『학원(學苑, 뒤에 景福으로 改題)』을 편집 출판하였고 경복의 문학 동인회인 '경문회(景文會)'의 고문 지도교사로도 활동하였다. 당시 지도했던 문예반 학생들이 후에 사회의 기라성 같은 인물들이 많이 배출되었다. 일중(一中) 김충현(金忠顯), 여초(如初) 김응현(金膺顯) 등 서예가의 집안에 태어나 서예와 한학에 조예가 깊었고 이강래(李康來) 선생과는 약 10년간 경복(景福)에서 함께 봉직하면서 정분(情分)이 두터웠다.

경복고등학교 교사들과 함께
(이강래 선생 오른쪽이 김창현 선생)

二.

數峯東郊水遠尋　全區濤石三神毛
迂迴總若可登臨　碧峯悍藏太古心
梅白嶠宮阿竹新　黃霽彩扶搖東昂

八.

水蕢山次韻

漢園靜秋老　松鴻賢瑞　玉華乙峽韻音

聞道始外遠東尋　遊豫林間紅葉晚
攀陟高岡勝地　泥觀嚴上白雲深
凌霄石角千鈞　秋風犬難斷澗
凝玉泉流萬里　更期好鳥轉清音
　　　　　　白行今彰訊

誰曰蓮勝枚第　鷹端風送雙魚響

漢園靈境試空臨　庭畔濛滋古樹陰

石鑄寒巖清病師　超然物外塵燈息

岩根秋色觸詩心　松籟澗流歸帆音

(8-1) 次朴侍從冬至詩 4290년(1957년)
박시종의 동지시에 차운하다

金烏[15]南下回歸欣	태양이 남으로 내려와 다시 돌아오니
斗星建子[16]移躔次	북두성이 자방(子方)을 가리킴에 전차(躔次)[17]를 옮겼네.
長夜鄕愁豈不勤	긴긴 밤의 향수 어찌 간절하지 않으리오
莘尾當辰悅虎軍	자미(莘尾)[18]가 때에 맞으니 호군(虎君)을 기뻐하네.

純陰踰月生陽氣	순음이 달을 넘어 양기 생겨나고
節序感時追慕遠	절서에 느낌 드니 추모의 마음 아득하다.
赭粥千門作畵紋	집집마다 팥죽으로 그림 모양 만드니
年年此日設香焚	해마다 이날에 향 피운다네.

---

15) 금오(金烏): 금색까마귀라는 말로, '태양' 즉 '해'를 달리 이르는 말. 태양 안에 발가락이 셋인 까마귀 즉 삼족오(三足烏)가 있다는 전설에서 온 말이다.

16) 건자월(建子月)은 북두칠성의 자루 부분 즉 '두병(斗柄)'이 자방(子方, 북방을 말함)을 가리킨 달, 즉 음력 11월 동짓달을 말한다. 두보(杜甫)의 시(詩) 〈초당즉사(草堂卽事)〉에 "황량한 마을 건자월(동짓달)에, 나무 한 그루 우뚝 선 늙은이의 집. 눈보라 속에 강 배는 건너가고, 바람 앞에 대숲길 비끼어지네.[荒村建子月 獨樹老夫家 雪裏江船渡 風前竹徑斜]"라고 한 데서 온 말이다.

17) 전차(躔次): 태양·달·별들이 운행하는 도수. 여기서는 동짓날을 맞아 줄곧 짧아지던 해가 길어지기 시작했음을 가리키는 말.

18) 자미(莘尾): 새·짐승·벌레 등의 암수가 교미하여 새끼를 낳는 계절, 즉 봄을 말한다.

【해설】

이 시는 1957년 동짓날을 맞아 '박시종(朴侍從)'이 동지 제사를 지내
며 읊은 한시에 차운한 시이다. 동짓날은 일 년 중 밤이 가장 긴 날인
데 동지시(冬至詩)를 지은 이 '박시종'은 조선 말기 시종(侍從)의 관직
에 있던 친구 우관(于觀) 박해원(朴海遠) 선생을 가리킨다. '侍從'이란
본래 조선 말기 궁내부 시종원(侍從院)의 주임관(奏任官) 벼슬인데 임
금 옆에서 임금의 옷과 임금이 쓰는 물건을 나누어 맡았던 직분이다.
1연의 내용은 동지를 맞아 태양이 가장 짧은 날을 지나 남쪽을 거쳐
다시 돌아와 길어지기 시작하는 상황을 북두성의 자루가 자방(子方)
을 가리켰다고 하고 이때부터 낮의 주기가 길어지는 시기가 되니 이
를 두고 '전차를 옮겼다'고 하였고 긴긴 동짓날 밤에 대해 아쉬운 마
음도 있지만 이제 곧 봄이 다가올 것임을 기뻐하는 내용을 담고 있다.
2연에서도 달의 주기가 바뀌어 태양의 기운이 강해지는 동짓날을 맞
아서 집집마다 팥죽을 쑤어 벽사(辟邪)의 행위를 하고 향을 피워 제사
지내는 모습을 노래하고 있다.

次朴侍從冬至詩　四二九○年

金烏南下回歸欣　斗星運子移躔次

長庭鄉慈黛不勤　蓐尾當辰悅虎軍

純陰瑜月出陽氣　節序感時追慕遠

赭粥千門依舊飲　年之此日設香禁

(8-2) 白雪 흰눈

一從靑女雰雰降　　온통 청녀(靑女)[19] 따라 어지러이 흩날리니

洞天斷絕飛翔鳥　　골짜기엔 날아가는 새들도 사라졌네.

封樹埋山又沒矼　　나무도 산도 그리고 돌다리도 덮으니

原野跳踉得意龍　　들판을 날뛰며 달리니 뜻을 얻은 용이라.

銀程夜月迎騷客　　새하얀 길 달 밤에 시인을 맞이하고

臘白明年占大有　　납백(臘白)[20]은 내년에 풍년을 예고하네.

梅屋晴窓對酒缸　　매화 핀 집의 갠 창가에서 술을 마주하며

爐邊農老展愁腔　　화롯가 늙은 농부 시름을 쏟아내누나.

疎闊擬如滿大江　　아득하니 큰 강을 가득 채운 듯

谷雲爲我導山窓　　골짜기 구름 나를 산창으로 이끄네.

洞有仙緣飛白鴈　　마을에는 신선 인연이 있어 흰 기러기 날고

門無俗撓倦靑龍　　문에는 속세의 요란함 없어 청룡이 게으르네.

復歸多士連床幾　　돌아온 사람들 함께한 자리 얼마였던고

比屋群兒戱蟻雙　　늘어선 집의 아이들 정답게 놀고 있구나.

歲華將暮天風急　　한 해 저물어감에 하늘 바람 세차니

偸得安閒對酒缸　　평온함 얻어 술잔을 마주하네.

---

19) 청녀(靑女) : 상설(霜雪)을 주관한다는 여신(女神)의 이름이다.

20) 납백(臘白) : 납백은 납일(臘日) 전에 내리는 눈으로, 이 눈이 오면 그해의 채소나 보리 농사에 아주 좋다고 한다.

【해설】

이 한시는 1957년 납일(臘日) 전에 쓰인 것이다. 1957년 납일은 동짓날(11월 21일경)로부터 세 번째 미일(未日)이니 1957년 음력 12월 말, 즉 양력으로는 1958년 2월 18일 직전에 쓰인 한시이다. 1연에서는 납일 전에 내리는 눈, 즉 납백(臘白)이 내리고 이른 매화가 핀 풍경이 아름답게 묘사되어 있고 2연에서는 전쟁의 피난지에서 되돌아와서 함께 모인 사람들과의 정을 나누며 한 해를 마무리하는 느낌을 평화롭게 담아내고 있다.

一筬公壽帖次

白雪

霜神布霙零〻降　洞天斷絕飛翔焉

封樹埋山入沒雙　原野跳踉得意狐

銀程皎月近驪客　曨白明年出大有

梅屋晴窓對酒缸　爐邊農老庚悲歌

(8-3) 蚊 모기

天性畏烟不畏光	천성이 연기 싫어하고 불은 겁내지 않으니
通宵縱慾死生忘	밤새도록 제멋대로 하며 생사를 잊고 있네.
棲息居多林錯地	숲이 많이 우거진 곳에 많이 살고 있고
歷遊稀少樹疎岡	나무 드문 둔덕에는 드물게 날아다니네.
行無隱秘先聲告	날아다닐 때는 숨김없이 소리로 먼저 알리고
喫必留痕致瘇傷	피 빨고는 반드시 흔적 남겨 붓는 상처 남기네.
穿簾侵席令人苦	발을 뚫고 자리를 파고들어 사람들 괴롭히니
難得虛心睡正常	마음 비우고 정상적으로 잠자는 것 어렵네.

四二九一年(1958년) 八月 上旬 次 朴海遠 兄 韻

【해설】

한시 '蚊(모기)'은 1958년 8월 상순에, 조선 말기 시종(侍從)의 관직에
있던 친구 우관(于觀) 박해원(朴海遠) 선생의 시에 차운하여 지은 것인
데 한여름 밤 지긋지긋한 모기를 대상으로 모기의 생태를 관찰적으
로 묘사하고 있다. 한시의 내용은 지극히 평이하지만 오히려 그런
점에서 평범하지 못한 삶을 살아온 이강래 선생의 다른 시들과는 구
별되는 특이한 측면이 있다고 하겠다.

蚊

四二九二年 八月 上旬 次竹海遠元韻

天性晨烟不畏光　　樓邊居處林鍾地

通宵縱慾死生忘　　歷遊稀少樹跌圍

行無邊秘先聲告　　穿簾侵膚令人苦

喂必留痕致痒傷　　難得些心睡正常

(9) 敬呈 秋汀先生 추정 선생에게 삼가 드립니다

靑蓮居士降人間　　청련거사[21] 인간 세상에 내려오니

玉骨淸標誰與班　　옥 같은 풍골, 맑은 모습 누구와 비길까?

夙抱經綸醫世志　　일찍이 세상을 경륜하고 바로잡을 뜻을 품고

丁年負笈入長安　　젊은 나이에 책상 짊어지고 서울로 갔다네.

嗟乎不辰會百六[22]　아! 불운의 시대를 만났으니

忍說上章泪汎瀾　　눈물 흘리며 상소한 일 어찌 말하리오.

　　(遊學 漢城 時 値 庚戌之變 서울에서 유학하던 무렵 경술국치를 겪었음)

奔走露瀋追溥老　　만주 땅 바쁘게 다니며 보재(溥齋)[23] 어른 따라

雲雪饕風途道艱　　풍찬노숙하며 온갖 고생 하였다네.

　　(卒業後 從 溥齋 李公 相卨 行來 于 露領 滿洲 等地 屢 被 倭警 受辱) (졸업
　　후에 보재 이상설 공을 좇아 러시아 만주 등지를 다니다가 여러 차례 왜경에게
　　붙들리어 욕을 보심)

氣節軌鬴無少屈　　우뚝한 기절로 조금의 굽힘도 없으니

南冠[24]何由悅險關　감옥 생활 어찌 험난한 곳을 견뎌냈던가.

維歲黃羊滯中京　　기미년 개성에서 지내며

---

21) 청련거사(靑蓮居士) : 이백(李白)의 별호.

22) 백륙회(百六會) : 액운(厄運)을 말한다. 4천 5백 년인 1원(元) 중에 다섯 번의 양액(陽
厄)과 네 번의 음액(陰厄)이 찾아오는데, 양액이 1백 6년마다 있게 되므로 백륙회라
한다고 한다.

23) 보재(溥齋) : 이상설(李相卨, 1870~1917)을 가리킨다.

24) 남관(南冠) : '초(楚)나라의 관'을 가리키는 말로, 포로가 되어 남의 나라의 감옥에
갇혀 있는 사람을 뜻한다. 『춘추좌씨전』 성공(成公) 9년 조에, "진후(晉侯)가 군부(軍
府)를 순시하다가 종의(鍾儀)를 보고서 유사(有司)에게 묻기를, '남관(南冠)을 쓴 채
묶여 있는 자가 누구냐?' 하니, 유사가 대답하기를, '정인(鄭人)이 잡아 바친 초나라
죄수[楚囚]입니다.' 하였다."라고 한 고사가 있다.

糾鞦革絲訴夷丹　가죽과 실로 매어 엮어 충정을 드러내었네.

(己未萬歲時 執敎鞭 於松都高普校 기미년 만세 때 송도고등보통학교에서 교편을 잡으심)

島酋肆毒箝喉嗑　간악한 섬 오랑캐 우리의 입에 재갈 물려
掃滅國字處秦厄　나랏말 말살하니 진나라의 재앙[25]과 같다네.

(壬午初冬 以語學會事 被執洪原 困苦萬端終 不屈至解放得釋 1942년 초겨울에 조선어학회 사건으로 홍원경찰서에 붙잡혀 가서 온갖 고문을 겪고 풀려날 때까지 굴하지 않다가 석방됨)

北扉寒鐙雪氈弊　북방 관문의 차가운 등자, 눈 맞은 모전은 낡고
從容譚笑堅鐵石　조용히 담소하지만 마음은 굳은 철석이라.
威武詎能怵我心　위무 따위가 어찌 나의 마음을 두렵게 할까보냐
樂赴湯火奪人魄　뜨거운 물불처럼 넋을 빼앗는 곳에도 기꺼이 나
　　　　　　　　　아갔다네.
何幸大日重回昭　다행히 하늘의 해가 다시 환하게 밝아짐에
身與封疆俱還釋　선생과 우리 국토 모두 해방 되었다네.
下帷硏鑽擊群蒙　독서 연구하며 여러 학생들 가르치며
陋巷不憂簞瓢空　누추한 곳 가난하게 사는 것을 걱정하지 않았네.

(歷任松都培花景福等敎師 從事敎育爲 三十餘年 송도고보, 배화여고보, 경복중학교 등 교사를 역임하시고 30여 년 동안 교육에 종사함)

專精陶鑄三十載　오로지 인재 기르는 데에 정심한 것이 30년
面命耳提警頹風　자상하게 훌륭히 가르쳐 무너진 기풍을 세웠네.
漆室一念民國毀　작은 방에서 국가와 민족의 안위를 걱정하니
靈光歸然獨推公　영광전[26]만이 우뚝히 홀로 공을 추대한다네.

---

25) 진나라의 재앙 : 분서갱유(焚書坑儒)를 말한다.

願言益壯又益堅　　원컨대 노익장, 노익견하셔서

韶顔康疆樂無終　　좋은 얼굴 건강 유지하여 그 즐거움 다함없기를.

丁酉孟春安東金彰顯　　1957년 3월 안동 김씨 창현

【해설】

한시 (9)는 추정 이강래 선생의 정년퇴임을 맞아 김창현 선생이 이강
래 선생에게 헌사하는 시이다. 특히 이 한시는 추정 이강래 선생의
지근에서 오랫동안 선생을 겪은 김창현 선생의 목소리로 추정 선생
의 이력을 상세하게 다루고 있다는 점에서 주목된다. 이 한시를 통해
추정 선생의 초기 이력 중 구한말 고종에게 상소한 일이라든지 일본
에 국권을 빼앗긴 이후 조국을 떠나 보재 이상설 선생을 따라서 러시
아와 만주 지역에서 풍찬노숙하며 독립운동을 했던 이력을 한 번 더
확인할 수 있다는 점에서 중요한 참고 자료라 할 수 있다. 한시의
내용으로 다 알기 어렵다고 생각되는 부분에는 필자인 김창현 선생
이 해당 시구 아래에 따로 주석을 달아 보충 설명하였기 때문에 시의
내용이 좀 더 분명히 이해될 수 있다.

26) 영광(靈光) : 마지막 남은 원로 석학(碩學)을 뜻한다. 영광은 한(漢)나라 경제(景帝)의
　　아들인 공왕(恭王)이 산동성 곡부(曲阜)에 건립한 영광전(靈光殿)을 가리키는데, 후한
　　(後漢) 왕연수(王延壽)가 지은 '노영광전부서(魯靈光殿賦序)'에 "서경(西京)의 미앙(未
　　央)과 건장(建章) 등 궁전이 모두 파괴되어 허물어졌는데도, 영광전만은 우뚝 홀로
　　서 있었다.[靈光歸然獨存]"라는 글이 있다.

(10) 前書堂 李澗翠先生詩 전 서당 이간취선생시

如駛年光復返猪	달려가는 세월 다시 돼지띠[27] 돌아오니
劬勞[28]此日感皐魚	부모님 수고하신 이 날에 고어[29]를 느낌이라.
抱琴偕樂雙儀鳳	거문고를 끼고, 두 마리 춤추는 봉황과 함께 즐기고
咏棣獨歎一蹇驢	당체[30]를 읊조리며 홀로 절뚝거리는 나귀를 탄식하네.
花事經春間蛺蝶	봄이 되어 꽃이 피니 나비 날아다니고
月行度望倦蟾蜍	달은 보름을 지나니 더디 가기만 하네.
世人不識彭猶短	세상 사람들 팽조(彭祖)[31]가 오히려 단명인 줄 모르고

---

27) 한시 원문의 '猪'는 돼지띠 즉 '해년(亥年)'을 가리키는데 이 시가 쓰여진 해는 1959년 기해년(己亥年)이다.

28) 구로(劬勞) : 부모(특히 어머니)가 자식을 낳아서 기르는 수고로움을 가리키는 말.

29) 고어(皐魚) : 중국 춘추 시대 초나라의 효자. 공자가 길을 가는데 '고어'라는 사람이 나무를 안은 채 슬피 울고 있기에 까닭을 물었더니, "나무는 고요하고자 하여도 바람이 그치지 않고 자식이 봉양하고 싶어도 어버이는 기다려 주지 않는다." 하고는 서서 울다가 말라 죽었다 한다. 『한시외전(韓詩外傳)』 이를 '풍수(風樹)의 정(情)'이라 하여 일반적으로 '어버이 생전에 모시지 못하고 사후에 슬퍼하는 마음'을 뜻하는 고사로 쓴다.

30) 당체(棠棣) : '당체'는 '상체(常棣)'와 같은 말로 『시경(詩經)』 소아(小雅)에 나오는 상체를 가리키는데, 이 시는 형제간의 우애를 읊은 시다.

31) 팽조(彭祖) : 고대 중국의 전설 속 인물. 본명은 전갱(籛鏗)으로, 오제(五帝)의 두 번째 제왕(帝王)인 전욱(顓頊)의 현손이자 육종씨(陸終氏)의 아들이다. 팽성(彭城, 현 강소성 서주(西周) 지역)에 봉해져 후세에 팽조로 불리게 되었다. 전하는 말에 의하면 요(堯)임금 때 등용되어, 하(夏)나라부터 은(殷)나라 말까지 8백여 년을 넘게 살았다고 한다. 늘 계수(桂樹)와 지초(芝草)을 먹었고, 도인(導引, 도교식 건강체조)을 잘해서 기운을 운영했다고 한다.

算及弧辰喜似狙　　생일 기리며 원숭이처럼 기뻐하네.

【해설】

이 시는 이강래 선생이 서당(書堂) 이간취(李澗翠) 선생이라는 이에게
써 준 시이다. 아마도 1959년 기해년(己亥年) 봄에 쓰인 시로, 선생이
기해년에 생일을 맞은 이간취 선생에게 쓴 축하 시인데 아마도 이간
취 선생이 노부모를 모시고 있기 때문에 생일을 마음껏 즐기기 어려
운 상황을 담은 것으로 보인다.

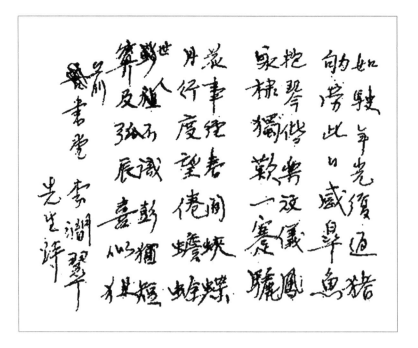

3. 서신 및 기타

(1) 동료 교사로부터 받은 서신

李 先生님께

홍해익

서울 協成學校 事務室에서 先生님을 뫼시고 避難을 마련하며 망설이며 爐邊談話를 하던 때도 엊그제 같사온대 地球는 그 後 두 번이나 公轉을 完結짓고 또다시 幸運의 軌道를 出發하였습니다. 이동안 數千里 他鄕에서 首都의 하늘을 바라보시며 恨歎의 날을 보내시옵나이까. 血氣方壯한 젊은이도 어려운 避難 生活, 物價 高騰한 港都의 窮塞을 어찌 겪으시옵나이까. 傳便에 듣자오면 天幕學校를 經營하신다 하오니 그 苦心 오죽하시오리까. 그러나 이렇게 해서까지라도 배움의 문을 열어 주셨사오니 韓族의 百年大計를 爲하여 無限한 感謝를 올리는 바이올시다. 年頭의 雪寒이 살을 에이는 듯하온대 尊體候 安寧하옵시며 堂內 諸節 均安하시옵니까. 校長께서도 安寧하시오며 鄭忠時 先生님께서 釜山으로 내려가셨다는 말씀을 듣자왔는데 氣運 安寧하시오며 洪斗杓 先生도 釜山에 계시어 學校 經營에 汨沒하시옵니까. 其外 여러 先生께서도 健鬪하고 계시옵니까. 두루두루 엎드려 思慕하는 바이올시다. 侍生은 無故히 지내오며 十月 初부터 避難中學에 나가고 있사오나 하는 것 없이 마음만 奔走할 뿐이옵니다. 그동안 生活苦에 시달리며 精神 收拾을 못하여 진작 安否를 여쭈어야 할 일이 이렇게 늦어졌사와 罪悚 罪悚하오이다. 언제나 上京이 되올지 釜山에서의 觀望은 어떠하옵니까. 아뢰올 말씀 如山 如海이오나 이만 줄이오니 내내 安寧하시옵다가 還京하시옵소서.

檀紀 四二八五年(1952년) 一月 三日

侍生 洪海翼 再拜

忠南 大田市 牧洞 서울特別市 大田綜合中高等學校

【해설】

이 편지는 선생이 경복중학교 교감으로 재직 시 6·25동란으로 경복중학교가 부산에 피난하여 영도(影島) 신선동(新仙洞) 고갈산(古碣山) 우측 경사지를 개간하고 세운 피난학교에서 가르치시던 때 대전 피난중학에 근무하던 경복중학교 교사 홍해익 선생으로부터 받은 안부 편지이다.

(2) 제자로부터 받은 서신

李 先生님께

황이연

先生님을 스승으로 뫼압고 師弟의 義를 맺어 날로 가르침을 받을 수록 唯一한 人生의 敎師로써 尊敬한 지 五·六年이오니 그間에 멀리 떨어졌던 放學만도 十餘 次이겠사오나 私私로이 글월을 올리게 됨은 이것이 처음인 듯하오니 이 무엇을 뜻함인지요. 門生이 이제 卒業을 短時日 앞두고 있으니 이 學校에 들어온 以後 七年에 지리함도 지리했고 또 事變이라는 重大 苦難을 겪은 後 즐거움보다는 모두가 번민인 듯 느껴졌으나 이제 막상 떠나려는 이 마당이매 每事에 感懷 깊고 每事가 義意에 가득 찼던 듯한 느낌을 禁할 길이 없습니다. 더욱이나 어지러운 社會를 咀呪하고 不運한 環境을 苦悶하던 門下生에게 生의 正當한 길을 實踐으로써 가르치시고 힘을 넣어주신 先生님을 머지않아 떨어지게 되니 門下生의 머리 속에 박힌 無言中에 가르치신 無形의 敎訓이야 歷史가 存在하는 限 사라질 리 있으리까마는 이 學校를 떠나 멀리 되면 날마다 뵈옵지 못하옵고 그 敎訓을 더욱 鞏固히 扶養할 길을 잊은 듯 하와 섭섭하온 感懷 무어라 사뢸 길이 없습니다. 오직 즐거움뿐인 少年 時節을 벗어나 人生을 생각할 刹那 事變을 當하여 故鄕 山中에 박혀 있으니 무슨 希望을 가질 수가 있겠사오며 收復 後 學校를 찾아오나 거기엔 希望보다는 絶望과 눈앞에 展開되는 모든 것들은 咀呪와 憎惡만을 助長하였던 것이오나 오로지 하나의 '힘'을 發見했으니 白髮을 이신 先生님의 意志에

찬 모습과 날마다의 힘찬 敎訓이며 亂中에 敎育을 爲하사 獻身的인 活躍하신 이야기였던 것입니다. 그 '힘'과 '感化'는 쌓이고 쌓여 社會의 憎惡는 民族의 慘狀에 대한 認識이 되고 咀呪는 이를 救濟하는 힘이 되겠다는 決心으로 變하였으니 나의 兩親이 나의 肉身을 낳으셨고 先生님께서 나의 靈魂을 再生시켰단 말을 어찌 주저하리까. 그 後 놀라웁고 섭섭하였던 것은 世態가 좀 安定되자 先生님의 아침 訓話를 들을 수 없음이었으니 그러나 또 하나의 敎訓 卽 眞實한 '삶'을 사는 이는 어지러운 때 일어서고 安定한 때에 숨는다는 哲理였던 것입니다. 放學式 當日에 그 너그러웁고 仁慈하신 한마디를 들은 以後 뵈옵지를 못하오니 이미 卒業이나 한 듯하여 乙未의 새해를 맞는 첫날 아침에 정성을 들여 新正을 祝賀하오니 過歲에 安寧하셨으며 새해에 복 많이 받으시고 後進의 敎育에 더욱 成果 거두심을 祝賀드립니다.

乙未(1955년) 新正

門下生 黃利淵 書

 이 편지는 선생이 경복고등학교 교사로 계실 때 졸업을 앞둔 3학생, 황이연이 존경의 마음과 고마움을 담아 보낸 편지이다. 황이연은 경복고등학교 제30회 졸업생으로, 고교 졸업 후 국방대학원을 졸업하고 서울지방 보훈처 처장을 역임하였다.

1955년 2월 경복고등학교 30회 졸업식
(선생의 왼쪽이 황이연, 오른쪽은 구성형)

(3) 한문 서신

鄭升錫仁兄 前 정승석 형께

頓首 令子婦喪變 是何言耶 平素淑德 莫不稱譽 因何失攝 若是遽爾
夭逝耶 聞甚驚歎 仰惟兄之慈愛隆深 悲悼慘切 實難勝堪 然自制自慰
勿爲有損於老境焉 是亦爲子與孫之事也 諒存如何 又篆兄許得聞而
一書奉慰 亦後於人 愧悚萬萬 不備狀上

辛丑五月八日

弟 李康來 拜

【현대어역】

머리 조아립니다. 영자부(令子婦)의 초상 부음은 이 무슨 말씀입니
까? 평소의 숙덕을 모두 칭찬하였던 바인데 어떻게 조섭을 잘못하여
이처럼 갑작스럽게 일찍 가버렸단 말입니까? 듣고 너무 놀라고 탄식
했습니다. 생각건대 형의 자애가 크고 깊었으니 그 슬픔과 참혹함을
참으로 견디기 어려우실 것입니다. 그렇지만 스스로 제어하고 위로
하여 노년의 건강을 훼손해서는 안 될 것입니다. 이 또한 자식과 손
자 된 사람들의 일이니, 헤아려 주심이 어떠할는지요? 또 지방관으
로 나간 형에게 들었지만 한통 편지로 위로하는 것 또한 남보다 늦었
으니 매우 부끄럽고 송구합니다. 편지 예식을 다 갖추지 못하고 올립
니다.

신축년 5월 8일

弟 이강래 배

선생이 자부상을 당한 평소 가까이 지내는 분을 위로하기 위해 보낸 한문 서신이다. 신축년(辛丑年)은 1961년.

頓首 令子婦有淑德
諸眷必平素沖驩莫
不稱譽同何痛舅若
是遽有夭逝之閏云
驚歎倚惶
无乃燕庭隆原忠悼
悸如寔經膓壞自制
自慰句爲有按於文
境唐孝念吾子興彷

主事也痛在公
又豈无許多開而
一番皆感名德於
人悵怵萬之不任
怖上
辛丑五月八日
等李康求 拜

鄭升錫仁兄前

(4) 기고문

학생들이 학교 신문을 내기 위하여 나에게 '옛 경복(景福)의 고향(故
鄕)으로 돌아가자'라는 문제를 보내어 왔다. 나는 먼저 경복의 고향이
어딘가 생각하여 보았다. 경복의 고향은 화개동(花開洞)밖에는 없다
고 말할 수 있으나 학생들이 새삼스럽게 묵은 옛날의 터전 그것을
말할 리 없고 정신의 고향인 줄로 생각하였다. 삼십여 년을 두고 기
쁨으로 뛰고 노래 부르며 배움의 길을 밟고 나아간 근 5천 명의 졸업
생과 현 재학생들이 모여 있는 경복학원은 북악산 밑 옛 유란(幽蘭)골
학덕이 있는 법가(法家)요 효행(孝行)으로 명성이 높은 아들을 두어
그때뿐이 아니라 지금까지도 여러 사람의 입에서 불리워지는 운강(雲
江) 조원(趙瑗) 선생의 옛터로 구한국 시대 황후(皇后)의 친잠(親蠶)하
시던 곳이며 효성이 지극하므로 국전(國典)을 어기면서 건축한 이조
(李朝) 영조(英祖)의 사친묘(私親廟)인 육상궁(毓祥宮)이 동쪽으로 이웃
하고 군소배(群小輩)의 모함(謀陷)으로 생명을 바치되 부왕을 원망하
지 아니한 사도세자(思悼世子)의 사친(私親)이 거처하던 선희궁(宣禧
宮)이 서쪽으로 가까이 있고 도학가 성우계(成牛溪) 선생의 아버지 청
송당(聽松堂) 옛터가 북에 있다. 효행과 지위, 도덕으로 명성이 높으
신 분들의 연고(緣故)가 있는 기지 중앙에 있는 경복이야말로 좋은
이웃을 가리어 있으니 이곳이 경복의 자라난 터전이요 정신의 본향
(本鄕)이다. 옛날 경복의 졸업생들은 일제시대 참혹한 구속(拘束) 밑
에서 공부하였지만 정신만은 숨어서 자라왔다. 사상(思想)이 좋지 못
하다 하여 퇴학을 당한 이도 많았지만 겨레의 장래를 위하여 수긋하
고 꾸준히 학업에 전력하는 한편 민족정신을 길러오던 차에 해방을

본 즉시로 각 분야에서 한몫씩 담당하여 저축(貯蓄)한 포부(抱負)를 발휘(發揮)하였으니 문학, 과학, 정치, 경제, 법률, 예술, 군사 그 밖으로 어느 것 빠짐없이 자리 잡고 있으며 더욱이 해방 뒤 졸업생은 자유 국민이라 세계 무대에 마음대로 나아가게 된 그들이라 운동으로 세계적 인물이 났었고 외국 유학도 상당한 수효를 가지게 되었다.

해방 뒤 활발히 나아가던 이 학교 내용은 어떻던가. 직원의 진용으로 말하면 원만히 짜이어 있었고 학생들은 학교를 자기의 집처럼 사랑하여 들거니 놓거니 일심전력 절대(絶對)로 너미룩 나미룩이 없었고 학교와 학생이 일련(一連)의 사랑이었다. 군정시대에 사상적으로 혼란(混亂)이 있었지만 원체 학생의 단결이 든든하였으므로 약간의 알력(軋轢)이 있었으나 학생 간부의 꿋꿋하고 씩씩한 힘과 기백(氣魄)으로 무난히 제어(制禦)되었다. 학술면(學術面)으로 말하면 각 과별로 나누어 활동하여 성적이 우수(優秀)하였던 그중에도 화학반, 생물반, 문예반이 훌륭한 빛을 내었지만 운동부에서는 말할 나위 없이 큰소리를 누리에 넓게 울리었다. 이즘의 경복은 어떠한가. 6·25, 1·4후퇴에 얼을 잃고 골탕을 먹었을 뿐만 아니라 전란(戰亂) 뒤 사회여파(社會餘波)에 휩쓸려 면할 수 없는 관계도 있겠으나 어쨌든 학생과 학생끼리에 단합(團合)이 되지 못하고 학생과 학교와의 사이가 떨어져 있지 아니한가 하는 의아(疑訝)도 있었다. 그러한 결과로 평화로운 분위기(雰圍氣)가 없으므로 교내 생활 범백(凡百)에 볼만장만인 양하였다. 말없이 차근차근 실천으로 나아가는 부흥(復興)의 일꾼인 맹(孟) 교장 선생이 부임(赴任)하신 지 얼마 아닌 오늘의 학교는 안팎을 말할 것 없이 새 면목이 나타났다. 교정 환경이 그러하고 교실이 그러하고 교무실이 그러하다. 학생들도 모든 일에 새로운 맛을 붙이고 새로운

생각을 일으키며 새로운 향기를 풍기고 있다. 그러므로 학생 신문을
발간하려는 학생들이 보낸 문제도 그 의가 옛날의 경복을 그리워하
는 심정(心情)에서라 생각하고 옛 경복의 모습을 말하며 돌아가기를
권한다. 옛 경복의 모습과 정신은 순박하여 미점직하였다. 실천력이
강하며 생활이 명랑하였다. 사랑과 존경으로 학교와 겨레를 위하여
노심하였다. 하루라도 바삐 돌아가자. 옛 경복의 그것으로 그대가
말한 옛 경복의 고향으로 가나안 복지를 찾는 그들과 같이 몸을 돌아
보지 말고 희망의 발뿌리를 힘차게 내디디자. 학생 제군이 대경복(大
景福)이라고 불러오던 그것이 사실(事實)에 부합(符合)되도록 협조(協
助) 단결(團結) 근로(勤勞)로.

【해설】

이 글은 이강래 선생이 경복고등학교 교지에 실은 기고문의 초고
본을 탈초하여 정리한 것이다.

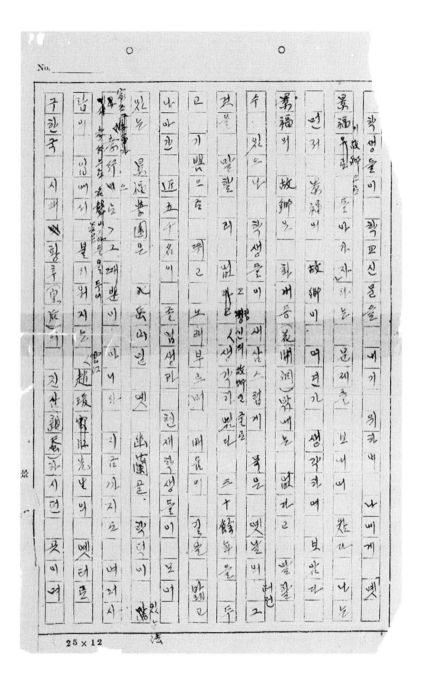

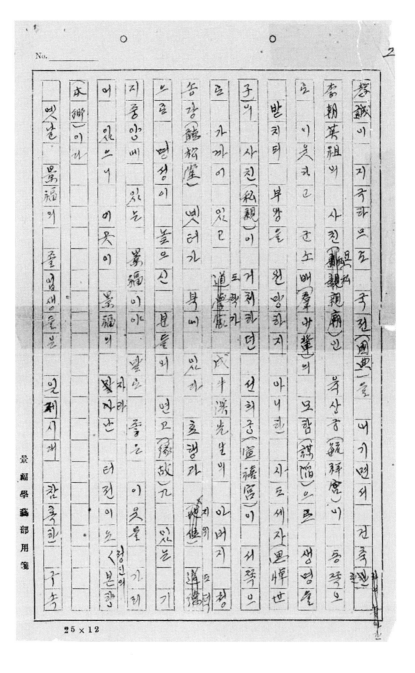

誠誠이 지극하므로 구전(國典)을 어기면서 건축

李朝英祖의 사친(私親親廟)은 육상궁(毓祥宮)으로 둘쪽으

받치되 부망을 원망하지 아니하고 시도세자(思悼世

子가 사친(私親)이 거처하던 선희궁(宣禧宮)이 서쪽으

로 가까이 있으 道禧宮 戊午深先生이 아버지 청

송강(龍松堂) 벗터가 부뚜 있으나 효광가 (縅故)九 있는 기

느로 명성이 높으신 분들이 면모 講禕廊

지중앙에 있는 茅福이야 살로 이웃 가데

어 있으니 이웃이 茅福의 자라산 터전이오 정인의

[本鄉]이라

옛날 茅福이 졸업생들을 인계시켜 참죽하 구속

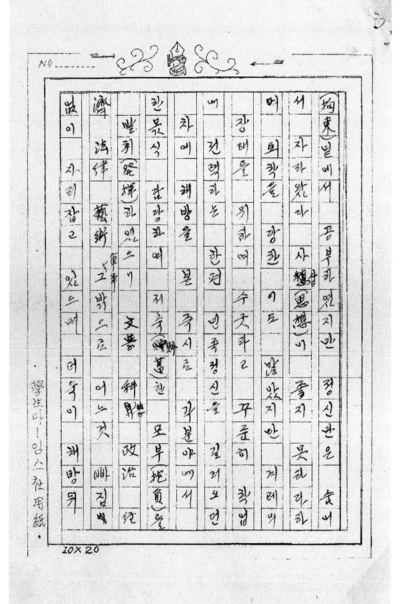

「拘束」밑에서 공부하였지만 정신만은 녹에
서 자라왔다 思想(사상)이 좋지 못하다하
여 회책을 강찬 이도 많았지만 거레의
장태을 위하여 수 ... 꾸준히 책업
에 건력하는 한편 민족정신을 길러오던
차에 해방을 본 죽시로 각 분야에서
한 못식 한강하데 저축(貯蓄)한 모부(托負)을
發剞(發揮)하였으니 文藝 科學 政治 經
濟 法律 藝術 그밖으로 어느것 빠짐에
없이 자리잡고 있으며 더욱이 해방뒤

學生마-임스社用紙 ·

10×20

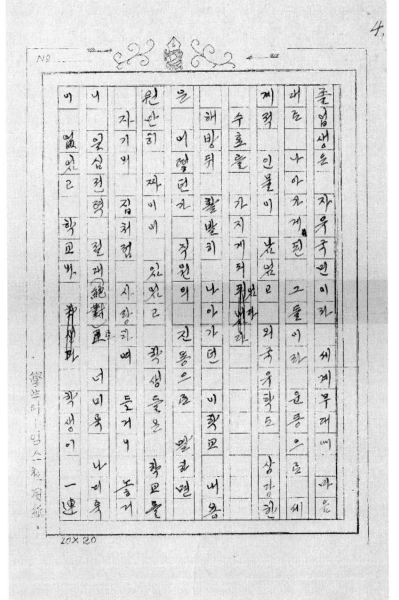

졸업생은 자유국민이라 세계무대에 마음
대로 나아가게된 그들이라 운동으로 세
계적 인물이 나올 외국유학도 상당히
수호를 가지게되 ... 비롯고
해방뒤 활발히 나아가면 비롯고 내옴
을 이렬던거 착원의 진용으로 일즉면
원만히 자기비 집처럼 사랑하며 학생들을 학교를
자기비 짐처럼 있었고 학생들을 학교를
나 일심전력 철파 絶對로 너미욱 나미욱 학생이 一連
이 없었고 학교박 ... 학생이

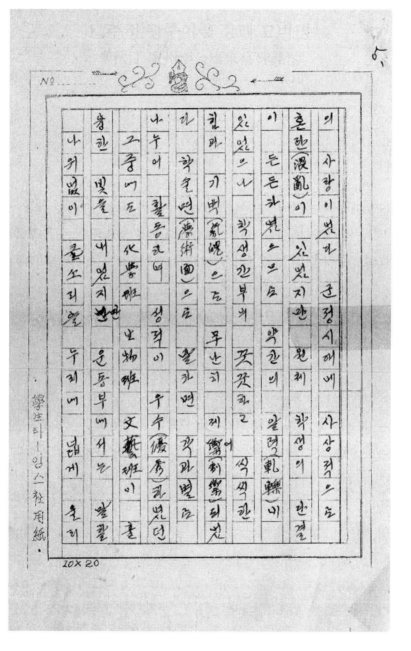

의 사랑이 뷋가 군정시대에 사상적으로

혼란(混亂)이 있었지만 원체 학생이 단결

이 든든하므로 약간의 알력(軋轢)에

있으나 학생간부의 무난히 제 역할(役割)되엇

힘과 기백(氣魄)으로 꿋꿋하고 에 씩씩한

라 학술면(學術面)으로 볼 것 같으면 꼿과 별로

나누어 활동호여 성적이 우수(優秀)하엿던

그중에도 化學班 生物班 文藝班이 출

충한 빛을 내엇지만 운동부에서는 발활

나위없이 좋소리을 두리에 넘게 올리

學生타임스社用紙

10X20

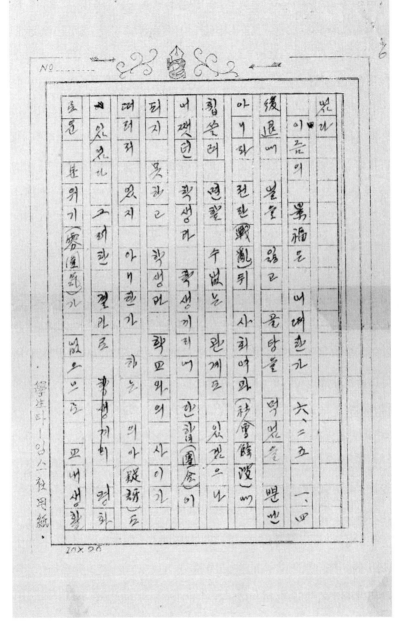

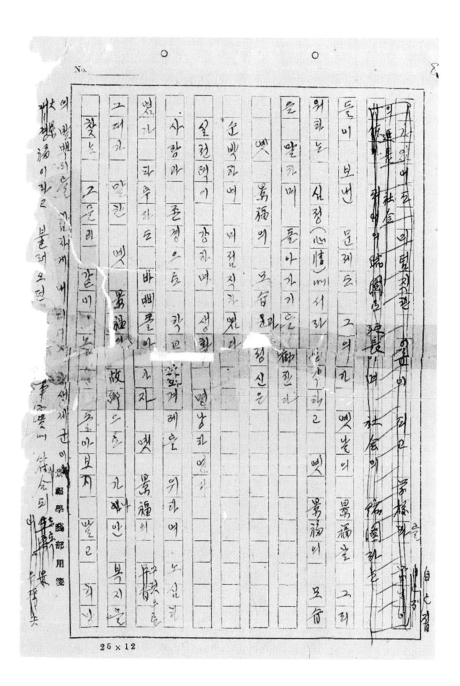

(5) 수상 감사의 인사

　때는 어느덧 仲夏의 節氣를 當하여 더위는 威力을 슬며시 드러내고 있는 이 즘에 첨위(僉位) 體度가 만지(萬祉)하시오며(여러분들 건강하시오며) 敎育事業에 許多하온 勤苦를 꾸준히 겪으시는 한편 우리의 宿願이며 使命인 統一 聖業에 心身을 아울러 바치시는 諸 先生께 恒常 공건(恭虔, 공손하고 삼가는)한 마음으로 머리 숙여 致賀의 禮를 드립니다. 昨年 十月에도 先輩 여러분과 同志 여러분이 一堂에 모이신 盛大한 式典에 자리를 베풀어 주시었을 때 不敏한 저에게 過分의 榮光과 讚辭를 주시어 感激의 衝動이 일게 가슴을 흔들며 羞愧의 찬땀이 축축히 등골을 적시므로 過去 約 四十 年 동안을 다시금 더듬어 一一이 回想하였지만 이렇다 할 業績은 없고 다만 부기(附驥, 타인에게 의지하는 모습)의 生活이며 平凡의 生活이라 앞 시간이 그다지 洋洋하지 아니하나 되도록은 얼마든지 補償을 하여볼가 하나 혼자로서 몹시 애닯더니 今年 五月에 다시금 二十萬 金의 巨大한 金品을 주시니 저로서는 무엇이라 말할 길이 전수히 없고 단지 感謝 感謝의 말을 連發하면서 敎育會 先輩, 同志 諸位의 仁慈하시고 厚德하심은 實로 現 社會의 超世的인 心情임을 無限히 느끼었습니다. 會의 經理 面이 그다지 餘裕가 없는 實地임에도 不拘하시고 이같이 커다란 施惠가 있으시니 오로지 愛의 精神 發露이며 同僚의 美德 實踐임을 感銘하며 衷心으로 感謝드립니다.

1957년 5월

李康來 書

【해설】

이 글은 이강래 선생이 1956년 서울특별시교육회의 교육공로자 표창을 받고 이듬해 5월에 다시 이에 대한 상금을 받은 데 대해 감사의 인사를 적은 것이다.

이강래 선생의 묘비명은 선생의 재종제인 동애공종회장 이상래 선생이 쓴 것이지만 선생의 묘소가 2001년 국립대전현충원 애국지사 제2묘역 제926호로 이장되면서 원고로만 남게 되었다. 이강래 선생의 장례식에서는 선생이 오랫동안 봉직하였던 배화학원과 경복고등학교를 대표하여 각각 이철경 선생과 유완빈 학생이 조사를 낭독하였는데 특히 이강래 선생의 평생지기였던 야자 이만규 선생의 셋째 딸 갈물 이철경 선생의 조사(弔辭)문은 해방 이후 궁서체 등 한글 서예의 기틀을 세운 명필의 것이어서 그 자체로 문화사적 의의를 지닌다. 한편 선생을 지근에서 모신 큰아들 용정과 둘째 딸 용진의 사부사(思父辭)와 둘째 아들 용익과 손녀 희영, 외손자 남정현의 추모의 글이 가족의 글로 실려 있고 맨 마지막에는 선생의 마지막 가르침을 받은 제자 원우현 현재 고려대 명예교수의 글과 최종문 전 전주대 문화관광대 학장의 글이 실려 있다.

1. 추정 광주이공 강래 묘비명
(秋汀 廣州李公康來墓碑銘)

　공의 성은 이(李)요 휘(諱)는 강래(康來)이며 자(字)는 화여(和汝)이
고 호(號)는 추정(秋汀)이니 광주인(廣州人)이시다. 시조(始祖)는 고려
(高麗) 생원(生員)으로 휘(諱)는 당(唐)이시다. 고려 말에 문장(文章)과
절의(節義)로 명성(名聲)이 높았던 휘(諱) 집(集)은 자(字)가 호연(浩然)
이며 호(號)는 둔촌(遁村)이니 목은(牧隱), 포은(圃隱), 도은(陶隱) 삼은
(三隱) 선생과 교우하며 많은 일화를 남기셨으며 휘(諱) 인손(仁孫)은
조선조에서 우의정을 역임하고 시호(諡號)가 충희(忠僖)이시다. 휘(諱)
준경(浚慶)의 자(字)는 원길(原吉)이며 호(號)는 동고(東皐)이니 조선 중
엽에 영상(領相)에 오르고 청백리에 녹선(錄選)되었으며 선조(宣祖) 묘
당(廟堂)에 배향되시니 공의 십이대조(十二代祖)이시다. 휘(諱) 필행(必
行)은 문과(文科)에 등과 후에 관직을 버리고 여주(驪州)에 우거(寓居)
하시며 독서(讀書)와 종약(種藥, 약초 키우기)으로 낙(樂)을 삼고 은거(隱
居)하시니 자칭(自稱) 천미거사(天微居士, 미미하게 타고난 거사라는 뜻)
라 하셨다. 휘(諱) 시만(蓍晩)은 호(號)가 동애(東崖)이고 형조참판(刑曹
參判)을 역임하고 이조판서(吏曹判書)에 증직(贈職)되셨다. 휘(諱) 명신
(命新)은 향년(享年) 팔십구세(八十九歲)로 수직가선대부(壽職嘉善大夫)
동지중추(同知中樞)이시니 공의 오대조(五代祖)이시다. 증조(曾祖)이

신 휘(諱) 기항(基沆)은 선공감감역(繕工監監役)을 지내셨고 할아버지 [祖考]의 휘(諱)는 돈회(敦會)이며 할머니[祖妣]는 고령박씨(高靈朴氏) 희통(熙通)의 딸이다. 아버지[考]의 휘(諱)는 병무(秉茂)요 자(字)는 주백(周栢)이시다. 비위(妣位)는 연안이씨(延安李氏) 병모(炳謨)의 딸이시다. 공은 고종(高宗) 을유년(乙酉年, 1885) 십일월(十一月) 십육일(十六日) 충주(忠州)에서 독자(獨子)로 출생(出生)하시니 영민(英敏)한 재질(才質)은 면학(勉學)에 정진(精進)하여 대성(大成)하시다. 선생께서는 쇠퇴해가는 국운(國運)을 바로 세워 보겠다는 일념(一念)으로 홀로 상경(上京)하였으나 국권(國權)을 강점(强占)한 일본의 한국문화 말살정책을 그냥 간과할 수 없어 한글의 정립(定立)을 통감(痛感)하고 한글문화개발사업(文化開發事業)으로 방향을 정립하고 1927년 12월 조선어연구회(朝鮮語硏究會, 이후 조선어학(회朝鮮語學會)로 회명(會名) 변경, 현 한글학회)에 처음 참여하였다. 조선어연구회는 1921년 12월에 서울 시내 사립중학교 교사 등 칠명(七名)의 발기(發起)로 휘문의숙(徽文義塾)에서 우리말과 한글을 연구 발전시키며 영구히 보존하자는 목적으로 조직된 것인데 일본 경찰은 조선어학회를 독립운동단체(獨立運動團體)로 몰아 검거(檢擧)를 시작하니 이것이 곧 조선어학회사건(朝鮮語學會事件)이다. 선생은 1942년 10월 21일 서울에서 검거되어 함경남도(咸鏡南道) 홍원경찰서(洪原警察署)와 함흥감옥(咸興監獄)으로 압송(押送)된 후 형언할 수 없는 모진 고문(拷問)과 탄압(彈壓)을 받으셨다. 선생은 투옥된 지 일 년만인 1943년 9월 18일에 풀려나시니 58세시다. 선생은 후진(後進) 양성(養成)을 위하여 교직에 재투신하시어 배화여중교장(培花女中校長)을 지내시고 경복중학교 교감(景福中學校 校監)과 경복고등학교 교사(景福高等學校 敎師)를 역임하고 1956년에 정년

(停年)으로 퇴직(退職)하시다. 퇴임 후에도 한글학회에 참여하여 연구
와 개혁에 심혈을 기울이시다가 1967년 2월 19일에 서거(逝去)하시니
향년(享年) 83세이시다. 묘소(墓所)는 경기도 남양주시 화도읍(和道邑)
차산리(車山里) 산54번지 선고묘하(先考墓下)에 안장(安葬)하다.[1] 1956
년에 서울특별시교육회의 교육공로자 표창과 서거 후인 1990년 8월
15일에 국가로부터 건국훈장(建國勳章) 애족장(愛族章)을 추서(追敍) 받
으시다. 배위(配位)는 한산이씨(韓山李氏) 하직(夏稙)의 딸로 임오생(壬
午生, 1882)으로 병오(丙午, 1906)에 졸(卒)하시니 충주시(忠州市) 직동
리(直洞里) 시묘동(侍墓洞)에 안장(安葬)하다. 향년 24세로 무육(無肉)
이며 계배위(繼配位)는 순흥안씨(順興安氏) 해청(海淸)의 딸로 을축생
(己丑生, 1889)으로 병술(丙戌, 1946)에 졸(卒)하시니 향년 57세이다. 두
딸을 두니 장녀(長女) 용완(容完)은 이화보육학교(梨花保育學校)를 졸
업하고 전주최씨 병억(秉億)에게 출가하여 영자, 윤섭, 경섭, 삼녀를
두었으며 차녀(次女) 용진(容珍)은 숙명여자전문학교(淑明女子專門學
校)에서 수학(修學)하고 의령남씨(宜寧南氏) 기택(基宅)에게 출가하여
이남삼녀(二男三女)를 두었으니 남(男)은 정현(正鉉), 석현(碩鉉), 녀(女)
는 혜숙(蕙淑), 필숙(畢淑), 경숙(景淑)이다. 계자(系子) 용정(容鼎)은 재
종재(再從弟) 경래(卿來)의 아들로 서울대학교 사범대를 졸업하고 고
등학교교사를 역임하다. 손(孫)은 삼남이녀(三男二女)니 남(男)은 영재
(永載), 건재(健載), 장재(壯載)로 계자출(系子出)이며 건재(健載)는 미국
에 이민하다. 녀(女)는 임재(姙載), 진숙(眞淑)이다. 삼취위(三娶位)는

---

1) 이후 2001년 10월 19일 국립 대전현충원(國立大田顯忠院) 애국지사(愛國志士) 2묘역
  (墓域) 제926호에 이장(移葬)됨. 계배위(繼配位) 안상익(安相益), 삼취위(三娶位) 안
  화옥(安華玉)과 삼합부(三合祔).

순흥안씨(順興安氏) 주사(主事) 경희(景熙)의 딸로 임자년(壬子年, 1914)에 출생, 신미년(辛未年, 1991)에 졸(卒)하시니 향년 78세이다. 일남(一男)을 두니 용익(容益)은 연세대학교(延世大學校) 상경대학(商經大學)을 졸업하고 한일은행(韓一銀行)에 취업하여 지점장(支店長)을 역임하였으며 경주김씨(慶州金氏) 균환(均煥)의 딸 재희(在姬)와 결혼하여 이녀(二女)를 두니 장손녀(長孫女) 희영(嬉英)은 한성대학교(漢城大學校)를 졸업하고 고려대학교 대학원에서 국어학을 전공 중이며[2] 차손녀(次孫女) 희진(嬉眞)은 단국대학교(檀國大學校)에 재학 중[3]이다. 명(銘)하옵니다. 선생은 명벌(名閥)의 후예로 한말(韓末) 난세(亂世)에 탄생하여 영민(英敏)의 웅재(雄才)를 펴지 못하고 몰아치는 외세(外勢)에 저항하며 탄압의 투옥도 불사(不辭)하셨네. 조상(祖上)의 유덕(遺德) 잇기 위하여 문헌(文獻) 정비(整備)에도 심혈(心血)을 쏟으셨고 광복(光復) 후 후진(後進) 양성(養成)을 위해 몸 바치신 교육(敎育) 정신(精神) 만세(萬世)의 태양(太陽)이 되오리다.

기묘년(己卯, 1999) 8월
재종제(再從弟) 동애공종회장(東崖公宗會長) 상래(商來) 근찬(謹撰)

---

2) 이후 高麗大學校 大學院에서 國語國文學 碩士, 漢城大學校 大學院에서 韓國語文學 博士 學位를 받고 現在 漢城大學校 敎養大學 助敎授로 在職 中.
3) 이후 檀國大學校를 卒業 後 現在 公務員으로 在職 中.

【해설】

이 글은 추정(秋汀) 이강래(李康來) 선생의 재종제(再從弟, 6촌 동생)
동애공종회장(東崖公宗會長) 이상래(李商來) 선생이 1999년 8월에 쓴
묘비명이다. 본래 경기도 남양주시 화도읍 차산리 종산(宗山)에 있던
선생의 묘(墓)에 쓰려던 것인데 2001년에 선생이 국립 대전 현충원에
안장되심에 따라 이 묘비명은 원고 형태의 문서로만 남고 실체는 없
게 되었다.

2. 조사(弔辭)

　아래의 두 글은 1967년 2월 23일 고 이강래 선생의 종교교회 장례
예배 시에 배화 동창회와 경복고등학교 제30회 동창회에서 낭송한
조사(弔辭)이다. 배화 동창회의 조사는 선생의 절친이었던 이만규 선
생의 셋째 딸 이철경 선생이 썼고 경복고등학교 제30회 동창회의 조
사는 후에 한국정신문화연구원 교수를 역임한 유완빈 학생이 대독하
였다.

(1) 배화동창회

조 사

　선생님, 이 어인 청천의 벽력이옵니까?
　선생님의 인격을 존경하고 선생님의 자애를 못내 아쉬워 마지않
던 저희들 마음과는 너무도 판이하게 소원하고 무심하게 지냈사옴
을 통절하게 참회하오며 몸 둘 바를 모르도록 송구스러움과 슬픈 감
회를 누르기 어렵습니다.

선생님께서는 일제 사슬에서 조국의 주권을 찾는 길은 오직 박멸 직전에 당면하였던 민족혼의 고취와 우리 문화 보존 개발에서만 가능한 일임을 선각하셔서 향리의 청년 후배들에게 내적 외적으로의 사범으로 몸소 선구의 진두에 서시었음을 추억합니다. 내유외강하신 선생님의 인격에서 지존과 근엄의 위력을 느끼면서도 인자하시고 관후하신 선생님의 온정에는 어느 자모(慈母)에게서보다도 더 따뜻하고 포근한 사랑을 느끼어 버릇없이 응석도 많이 부렸습니다. 선생님께서는 높으신 이상과 포부를 품으시고 봉건적이고 고루하기만 한 종중 가족의 몰이해와 편협하고 배타적인 향민들의 석연치 않은 음시(淫視)를 등 뒤에 느끼시면서도 분연히 고향을 떠나셔서 개성 정화여학교와 송도고보에서 제자들 훈육하시는 데도 자애와 정성으로 동고동락을 신조로 하셨으니 진실로 선생님께서는 실천의 사표이셨습니다. 한편 일경의 혈안의 감시에도 위험을 무릅쓰시고 모험하셨던 2·3개처의 비밀 아지트에서 선생님의 활약상은 심각하고도 의의 있는 것이었으며 급기야는 기미독립운동으로 폭발하여 신변의 위기를 겪으셨던 일도 새삼스레 추모됩니다. 선생님의 명성이 날로 고조되어 1927년 모교인 배화학원에 선생님을 모시게 되었음은 당시의 모교가 장안의 교육자들과 유의한 우국 애족 지도자층의 선망의 대상이 되었던 또 하나의 조건이었습니다. 선생님께서는 백절불굴의 인내와 극기로써 청빈한 생활에 만족하시면서 항상 인자하시고 따뜻하신 사랑으로 저희 어린 머릿속에 뿌리 깊은 민족혼을 호소하셨습니다. 그뿐입니까? 선생님은 겨레를 위(爲)하여 흥업구락부 사건으로 서대문경찰서의 구금의 곤고를 겪으셨으며 일제 폭정이 말살 소멸시켜 버리려고 몸부림치던 우리 한글 존속 정리 연구에 헌신하시다가 일 년이란 동안의 엄한혹서를 북역(北域) 철창 속에서 부대끼시어 쇠약해지신 옥체로 석방되신 일도 있었음을 잊을 수 없습니다. 간사한 민심은 핍박받고 돌아오신 선생님께 동족이면서도 냉정하기 그지없었습니다마는 조금도 노여움을 나타내시지 않으셨고 불평을 말씀하시지 않았던 선생님 인격에서 저희는 하나님의 관용과 예수님의 넓으신 사랑을 배웠습니다. 해방은 결국 찾아왔고 선생님은 20년간 계시던 모교 교장의 중책을 맡으셨으나 혼란하고 불안정하였던 당시의 현실은 그렇게도 염원하시던 조국 광복을 맞으신 선생님께 노상 기쁨과 평화만을 드리지 못하였으니 선생님께서는 진실로 무궁무진(無窮無盡)하신 정열과 힘과 지식을 아무 보상도 없이 오로지 모교의 안정과 발전에다 바쳐 주셨습니다. 여력마저 아끼시지 않고 끝내 교육에 헌신하신 여생을 좀 더 평안하시고 정성스럽게 받들어 모시지 못한 저희 동창들은 재삼 죄송스러움과 안타까운 애도를 선생님의 영전에 삼가 바치오며 선생님 지선(至善)하신 영혼은 이미 하나님께서 반겨 맞으셨을 줄 믿사오며 역려과객(逆旅過客) 같은 이 세상이오나 잠시의 석별을 슬피 생각하와 지난날 선생님의 교훈을 돌이켜 보았습니다. 선생님! 비록 선생님의 옥체는 저희를 두고 가셨어도 선생님의 가르쳐 주신 교훈만은 저희들 마음속에 또 다음 세대에까지 영원히 이어져 존속할 것입니다. 이제 이 세상의 모든 번거로움과 괴로움을 저버리시고 길이길이 하늘나라의 찬양과 영광을 누리시옵소서.

1967년 2월 23일 배화동창회원 일동

대표 이철경 근조(謹弔)

고 이강래 선생님 영전에

【해설】

이 글은 배화의 동창회를 대표하여 갈물 이철경(李喆卿)[1]이 쓰고 읽은 조사이다. 이철경 선생은 이강래 선생의 오랜 친구이자 동지였던 야자 이만규 선생의 셋째 딸로, 어린 시절부터 이강래 선생과 교류를 하며 지내왔고 아버지 이만규 선생이 〈조선교육사〉에서 딸의 교육에 대해 결정을 할 때 이강래 선생의 조언에 힘 입었다고 강조할 정도로 두 집안의 친분이 두터웠기 때문에 이강래 선생에 대해 남다른 감정이 있었다 할 것이다. 특히 이철경 선생은 아버지 이만규 선생의 영향을 받아 한글 서예에 남다른 조예를 보였는데, 조사를 쓰던 당시 이철경 선생은 갈물 한글서회의 회장으로 있으면서 한창 한글 서예의 일가를 이루던 무렵이다. 한글 서체의 표본이라 할 수 있는 갈물 이철경 선생의 서체로 쓴 국한문체의 조사는 그 자체로 의의가 있다.

---

1) 갈물 이철경 선생(1914~1989)은 황해도 개성 출생으로, 이강래 선생의 오랜 절친인 야자 이만규 선생의 셋째 딸이다. 아버지 이만규 선생의 영향으로, 경성공립여자고등보통학교 시절에 본격적으로 서예를 공부하였고 이화여전에서 피아노를 전공하였다. 1931년 배화여자고등보통학교를 졸업하고 1935년 이화여자전문학교 음악과를 졸업한 이후 1952년까지 배화여고·이화여고·진명여고·경기여고·춘천여고·충남여고·수원여고 등에서 음악과 서예를 가르쳤다. 광복 후에는 한국 최초의 한글 서예 글씨본인 《초·중등 글씨본》 6권을 집필하고, 1958~1983년 갈물한글서회의 회장과 고문으로 있으면서, 1960년 금란여고 교감에 취임, 1979년 교장으로 정년퇴임하였다. 특히 금란여고 재직시에 여성운동에 활발히 참여하여 1971년 대한주부클럽 연합회장, 1976년 여성교육동지회장, 1979년 한국여성단체협의회장을 지냈다. 퇴임 후에도 사회활동을 계속하여 1980년 남북적십자회담 대표단 자문위원, 1984~1986년 한국기독교미술인협회장, 1985~1988년 국정자문위원 등을 역임하였다. 신사임당상, 외솔상, 국민훈장 모란장을 받았다.

(2) 경복고등학교 제30회 동창회

조 사

삼가 고 추정 이강래 스승님 영전에 조사를 올립니다. 선생님은
영원히 다시 오시지 못할 길을 떠나시어 불귀의 객이 되셨음을 생각
할 때 간장을 저며내는 듯한 슬픔이 가슴을 메이게 하고 눈물이 앞을
가립니다. 지금 이 자리에는 다른 분이 두 번 다시 따를 수 없는 굽힘
없는 청빈과 불길처럼 타오르는 우국의 뜻과 그리고 바다처럼 넓고
봄바람처럼 부드러우셨던 뒷사람들을 어여삐 여기시던 스승님의 높
고 깊은 뜻을 사모한 사람들만이 다시 뵈올 수 없는 스승님의 모습을
조금이라도 마음에 깊이 새기고자 모였나이다. 왜정의 압제 밑에 국
가와 겨레가 신음하고 있을 때 조국의 광복을 위해 싸우시던 애국투
사로서, 조선어학회사건 시 영어(囹圄)의 생활을 감수하시면서도 우
리의 글 우리의 말을 지켜오시던 문화의 보존자로서, 팔십 평생을
오로지 후진 양성에 종사하시던 위대하신 교육자로서, 아니 민족의
지도자로서의 선생님의 유적은 다 필설로 형용할 길이 없어 이렇게
말로써 생전의 발자취를 표현하기에는 너무나 부족한 저희들임에
오히려 스승님의 찬란한 업적에 촌편의 누라도 끼칠 우려가 있을 뿐
입니다. 저희가 스승님을 추모함은 말과 글을 통한 그것이 아니라
거룩하신 유지를 받들어 스승님의 뜻에 좇아 만분의 일이라도 실천
으로 옮길 때 스승님의 고혼을 위로하는 소치임을 잘 알고 있습니다.
스승님! 저희들이 고등학교 교복을 입고 학교에 다닐 때입니다. 아
침 조회 때 저희 학생들의 분열을 받고 계시던 선생님이 아니 그렇게

도 인자하신 모습과 부드러운 음성으로 다정하게 속삭여 주시던 스승님이 갑자기 표정이 엄하게 굳어지시더니 저희들을 향해서 "야! 이놈들아! 아이 젊은 놈들이 기운이 하나도 없이 꼭 지나 병정처럼 어깨를 축 늘어뜨리고 그게 무슨 걸음이냐 이래 가지고 어떻게 장래 이 나라의 씩씩한 일꾼이 될 수 있단 말이냐?"고 호통을 치시면서 몇 번이고 행진을 반복시키시던 모습이 눈에 선합니다. 항상 창백하신 존안에 백설 같은 머리의 스승님은 저희를 친자식 친손자처럼 사랑하여 쓰다듬어 주셨습니다. 이제 스승님이 영원히 떠나신 이곳에 마음의 좌표를 잃고 번뇌에 갈피를 잃은 저희들은 앞으로 과연 누가 이끌어 주시겠습니까? 스승님! 스승님 생존 시에 비치던 그 후광의 밝은 빛을 또 언제나 접하게 되겠습니까? 인간이란 한 번 만나면 헤어지게 마련이란 숙명 앞에 무릎을 꿇어야 되는 저희들의 슬픔은 무엇으로 달래야 되겠습니까? 스승님! 심오한 정신력의 바탕을 잃고 날로 퇴패한 사조가 활개를 쳐 가는 이 나라 이 사회에 참다운 '민족의 얼'을 불어 넣고자 고심하시던 스승님의 모습을 언제나 또 뵈올 수 있으며 칠십 노구를 이끄시고 교단에 서시어 저희들에게 천진하게 웃어 보이시면서 송강가사, 오우가를 읊으시던 청아한 음성은 저희들은 언제나 또다시 듣게 되겠습니까? 혼탁이 극한 이 사회에서 어쩌면 스승님은 아니 꼭 스승님만이 그렇게 티 없이 깨끗하게 지내시다 가셨습니까? 참대같이 곧으신 스승님의 지조, 진과 선만을 행하시고 사랑만을 베푸시던 그 힘의 원천이 무엇인가를 저희에게 다 가르치지 못하신 채, 아니 우둔한 저희가 높으신 스승님의 뜻을 다 깨닫지 못한 채 스승님은 홀연히 떠나시고 말았습니다. 스승님의 영전에서 명복을 비는 마음에 앞서 스승님을 잃은 저희들은 허탈과 허무의 심정을 금할 길이 없어 눈물마저 메말라 버린 심정입니다. 스승님은 살아생전에 너무나 많은 것을 저희에게 주시었고 이제 고인이 되신 지금 이 자리에서도 저희들로 하여금 불가사의한 인생의 큰 뜻을 깨닫게 하셨습니다.

스승님의 가없이 크고 넓으신 사랑과 가르침에 대하여 저희들은 일점의 보은도 베풀지 못한 채 영전에 서 있는 죄인들입니다. 스승님! 목이 메어 무엇을 더 말씀드릴 수 있겠습니까? 스승님 영전에 머리를 조아려 고이고이 잠드시길 빌며 스승님과 함께 부르던 교가의 가사 일 절을 읊어 올리며 조사를 대신코자 합니다.

대은암 도화동 이름난 이곳
북악을 등지고 솟아난 이집
조상의 지나던 자취를 밟고
새로이 배우러 모여든 동무
아침해 저녁별 새로운 빛을
비춰라 경복을 누리에 넓게

1967년 2월 23일
경복고등학교 제30회 동창 일동
대독 유완빈

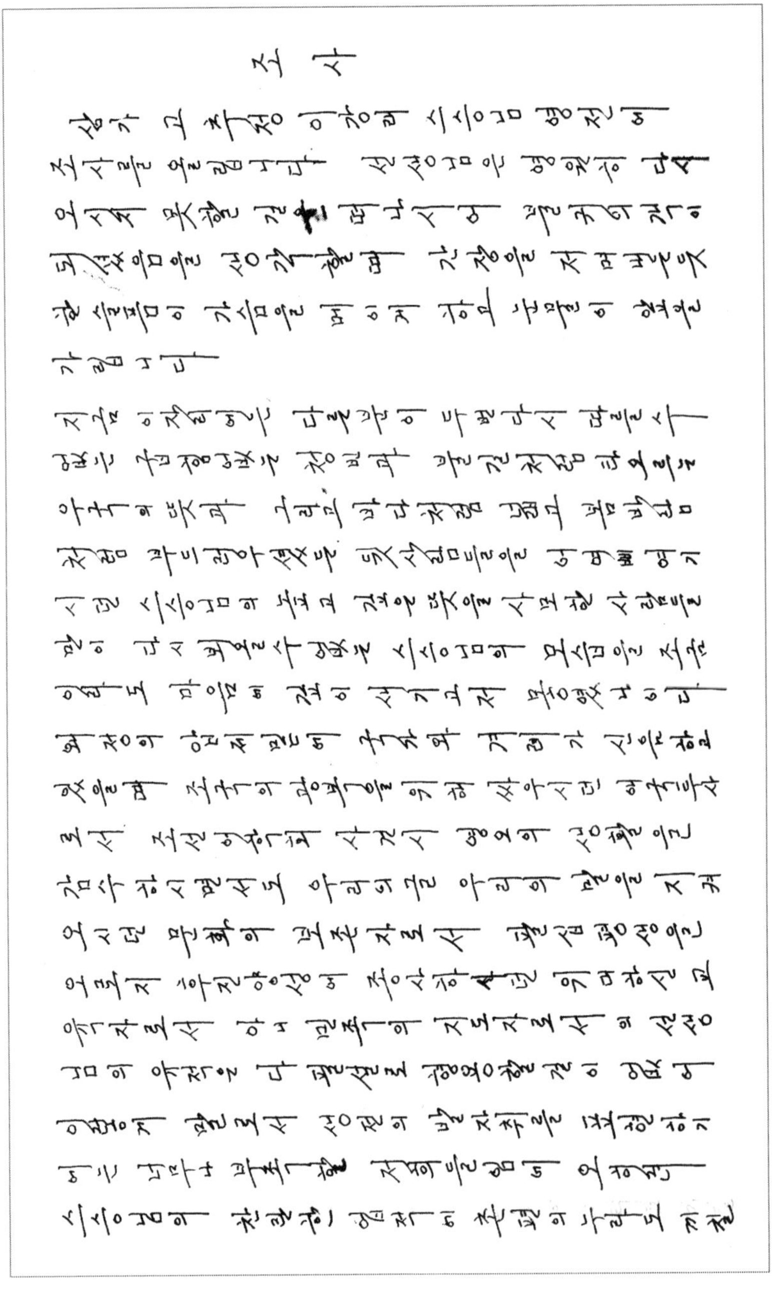
조사

추정 이강래 어른을 추모하면서

이용정[*]

    하늘나라에 계신 우리의 아버님, 의롭고 좋은 일에 언제나 몸소 앞장서시고 나랏일, 가족들, 제자들을 위해 내 몸을 돌보지 않으셨고 엄이자(嚴而慈), 무서우시면서도 따뜻하신 아버님이셨습니다. '조선어학회 수난 50돌 되새김의 밤'을 치르고서 새삼 붓을 들어 돌아가신 어른께 이 글월을 올리고자 하니 필설의 부족함을 느끼며 생전에 잘 모시지 못한 죄스러움을 뉘우치면서 이 작은 글월을 꽃을 바치는 심정으로 삼가 바치나이다. 선친 어른께서는 독립운동가이시고 애국교육자이시며 거룩하신 종교 실천자이시었습니다. 충북 충주에 처자를 남겨 두시고 함경도와 아라사(俄羅斯) 등지로 다니실 때, 함경도에

---

[*] 글쓴이 이용정(李容鼎, 1920~2003)은 이강래 선생의 장남(계자)으로 서울대학교 사범대학을 졸업하고 경복고등학교 등에서 교사로 근무하였다.

서 남의 집 식객으로 끼니에 조밥을 숟갈 잘못 대면 흐트러져서 손을 대 퍼 올려 잡수셨다는 말씀과 악식이 다반사요 굶기가 허다하셨다던 말씀을 기억하고 그 후 저는 조밥을 일부러 즐겨 먹었습니다. 그 설화 같은 이야기를 듣던 때가 엊그제 같은데 돌아가신 지 벌써 몇십 성상이 흘렀습니다. 그때 같이 애국하시던 세 분 생존하시어 90세 되신 안호상 선생님의 건강하시고 찌렁찌렁하신 성음 들을 때 열심히 귀 기울이고 팸플릿, 사진 밑에 메모했습니다. "인간 칠십 고래희" 라고 했지만 지금 우리나라에는 90세 100세를 넘기신 분이 많습니다. 못 섬긴 죄 벌하여 주소서. 저도 벌써 73세입니다. 며칠 전 용익 이 아우 식구들과 할아버님 아버님 어머님 산소에 성묘하고 풀 뽑고 파인데 삽으로 흙을 메웠습니다. 들국화가 푸르게 노랗게 몇 군데 피고 있어서 조카와 제수에게 잘라 주었습니다. 저는 아버님의 6촌 아우의 아들로서 입양되었는데 11세 다 큰 놈을 목욕탕에 데리고 가셔서 앞뒤로 닦아 주시고 매사에 온후하게 타이르시고 하셨습니다. 그 후 서울대학교 사범대학 국문과까지 다니게 하셨는데 저는 지금 정년퇴직 7, 8년이 되었습니다. 큰누이는 70도 못 채우고 하늘나라로 갔습니다. 개성 송도고보에서 친일파, 유년학교 나온 유관희 대위와 가까이하시어 교화하시고 서울 누상동 문간방을 유 형사에게 셋방 주셨던 일, 인격으로 감화 굴복시키신 일, 제가 중학교 4, 5학년 때로 기억됩니다. 아버님의 6촌 동생 되는 이성래 씨를 한 집에서 생활하면서 중학교에 다니게 하시어 지금은 대학교 나와서 한의사로 개업하고 있습니다. 우리 광주(廣州) 이씨 정훈(庭訓) '광리 백세 지촌' 의 실천가이시고 항상 흰 두루마기, 검정 고무신, 헌 양복을 입으시고 말년에 검정 두루마기는 왜경이 먹물을 뿌려서 물감 들이셨지요. 헌 중절모, 지팡이로 야간 출입을 잘하셨어요. 저의 주요 심부름은 한글학회 분께 가는 일 그 외 윤치호, 문세영, 화가 이상범 제씨 댁과 이상재 님(기독교청년회관) 등께 가는 일 등이었습니다. 저는 양정학교 때 장지영 선생님, 김교신 선생님, 서울대 사대 이 탁 교수님, 최현배, 이희승, 이은상, 이병기 선생님들의 영향을 많이 받았습니다. 언제나 근검절약하시고 평등주의, 반상타파의 실천가들이셨습니다. 야자 이만규 선생님과는 죽마고우처럼 친하셨지만 그분은 일부 가솔과 함께 이북으로 가시어 고위급이 되고 아버님은 배화여자중학교장을 맡으셨고 그 후 경복중학교 교감, 경복고등학교 교사로 계시다가 퇴직하시면서 제가 그 학교 교사로 전근 가서 아버님의 명예 손상될까 전전긍긍하였고 아우 용익이 그 학교에 입학하여 가르치게까지 되어서 참 기이한 일이었습니다. 아버님은 일제 그 악독한 시대에 최현배 님, 김윤경 님, 이극로 님, 장지영 님, 정인승 님, 이희승 님, 이 인 님 등과 현충사, 여관 등에서 은밀히 만나셔서 밀회하시며 우리말 지키기에 힘을 다하셨습니다. 지금도 제 사진첩 맨 앞쪽에는 개성 선죽교에서 아버님이 야자 이만규 님 등 여러 어른들과 함께 찍으신 사진이 있습니다. 아버님은 개성 송도고등보통학교에서 9년 6개월 동안 가르치셨습니다.

〈옥고 치르신 경과〉

1. 조선어학회 사건으로 1942년 10월 21일 서울에서 검거되어 함경남도 홍원경찰서로 붙들려 가심
   이만규, 이강래, 김선기(3인)이 같은 날 붙잡혀 가심

2. 종로경찰서 → 서대문경찰서 → 함흥 홍원경찰서 → 함흥감옥으

로 붙잡혀 가심

3. 구금 악형: 억지 자백 받기 위해 물 먹이기, 공중에 달고 치기, 비행기 태우기, 메치기, 난장질, 불로 지지기 등 고문을 당하심

4. 경찰 10명 중 조선인이 6명이었음

5. 1943년 9월 18일 기소유예로 석방되심(12명)

   이강래, 김윤경, 김선기, 정인섭, 이병기, 윤병호, 서승효, 이은상, 서민호, 이만규, 권승욱, 이석린

6. 석방 후 1943년 9월 20일 충북 제천군 백운면 평동(천등산 아래)으로 오심

이강래 선생의 큰아들 이용정과 작은아들 이용익

내 아버지 추정(秋汀) 이(李) 강(康)자(字) 래(來)자(字) 선생(先生)님

이용진[*]

인자하시고 자상하시면서도 엄격하시던 분. 광주이씨(廣州李氏) 동고(東皐) 충정공(忠正公) '浚(字)慶(字)' 할아버지의 십이대손, 동애공(東厓公) '蓍(字)晩(字)' 할아버지의 칠대 종손이신 아버지, 신 교육자이시면서도 하교 시간에 엄격하셨고 외출(外出)이 엄격하셨다. 아버지 허락 없이는 외출은 생각도 못 했었다. 일평생을 민족운동가로 한글학자로 또 교육자로 생활하신 분이시다. 아버지께서는 충주에서 탄생하시고 생장하시어 안성공립보통학교를 마치신 후 상경하시어 지금의 공업고등학교 전신인 관립공업전습소(官立工業傳習所)에서 학문을 하시며 나라 망하는 것에 분개한 몇몇 젊은 동지들이 이완용(李完用) 집에 뛰어들다 뜻을 못 이루고 만주로 피하셨던 일도 있었다는 이야기, 가다가다 한 말씀씩 하시던 기억이 난다. 그 후에도 만주를 드나들 때마다 함경도 사람들의 인심이 좋았었다는 이야기며 노란 조밥을 사발 위에 사발을 얹어 대접받으시고 꽁꽁 언 두만강을 얼음 숨구멍을 피해 길잡이 하여 주어 건너가고 건너오시던 이야기, 들려

---

* 이용진(李容珍, 1924~1994)은 이강래 선생의 차녀로 배화고등여학교를 졸업하고 숙명여자전문대학교를 수료하였다.

주시던 이야기들이다. 아버지께서 객지로 다니시니 조부님과 고모와 어머니 세 분이 생활하시는데 울타리 없는 우리 집에는 지나가는 친지 친족들이 들르면 꼭 한 끼니라도 잡수셔야만 나오신다는 말이 자자하다며 아무리 가난해도 식구는 죽으로 이어도 손님에게는 꼭 보리밥이라도 대접하는 것으로 유명하였다는 내 시아버님의 말씀이셨다. 어느 땐가 아버지께서 이상한 말씀(언어)을 하시며 이것이 로서아 (러시아) 말이라고 하셨다. 어찌 아시느냐니까 로서아 땅에도 다니셨다고 하셨다. 내가 그때 조금만 더 자세히 아버지께서 하시던 일이며 겪으시던 일들을 여쭈어보지 못한 것이 너무도 한스럽다. 훌륭한 아버지를 모시고 살면서 깨닫지 못했던 내 어리석음과 철없는 막내로 어리광만 부리고 지냈던 것이 너무도 안타깝다. 충주에서 강원도 간현(艮峴)으로 이사하시어 사시는데 아버지께서는 객지로 다니시고 고모님은 출가하시고(충주에서) 내 형님 용완(容完)[1] 씨가 기미생(己未生)이신데 세 살 때 아버지께서 집에 오시니 우리 조부께서 "저게 네 애비다"라고 이르시니 내 형님이 처음 보는 아버지가 이상해서 부엌에 계신 어머께 "저 사람이 아버지야?"라고 물었다고 한다. 기미(己未) 만세 때에도 가만히 계시지 않으셨을 아버지가 고생하시다가 시골로 내려오셨던가 싶다. 그때에야 부녀 첫 상봉을 하신 것이었다는 어머니의 말씀이셨다. 그들에게는 주의 인물이기에 무슨 일이 있으면 구금을 당하셨던 것 같다. 여러 차례 잡히셨다 나오셨다 하셨다고 들었다.

---

1) 이용완(李容完, 1919~1988)은 이강래 선생의 장녀로 배화여자보통학교와 개성 호수돈고등여학교, 이화보육학교를 졸업하고 초등학교 교사로 근무했다.

이강래 선생의 작은딸 이용진
(배화고녀 졸업 후 숙명여전 입학 시)

이강래 선생의 큰딸 이용완과 남편 최병억

　내가 여고 2학년 2학기 때 한문을 가르치시던 김윤경(金允經) 선생님이 갑자기 결근을 하시어 이상하게 생각했더니 구금되셨다고 했고 3학년 올라가서 2, 3개월 되었을까 하루는 학교에서 집에 돌아오니 아버지께서 서가에서 무엇인가를 골라 아궁이에 불을 붙이시고 어머니의 안색도 전 같지 않아 이상하게만 생각했더니 그 이튿날 학교에서 돌아오니 가택 수색이 있었고 아버지께서는 서대문서로 구금되시었단다. 날씨는 점점 더워지고 내 형님이 서대문서로 아버지의 고의 적삼과 고무신을 차입시켜 드리고 사식을 들여보내 드리러 다니며 날마다 지금의 적십자병원 건너편 의주로나 병원 안에 들어가 취조받으러 나가시고 들어오시는 아버지를 뵈우러 다니던 일, 나도 가끔 가서 기다리다 창백한 아버지 모습을 뵈온 일들이 활동사진과 같다. 그때 납북되신 구자옥(具滋玉) 씨 부인, 이관구(李寬求) 씨 부인, 구영숙(具永淑) 씨 부인 등과 함께 길가에 쭈그리고 앉아 서대문서를 건너다보던 생각이 생생하다. 그때 사건이 YMCA에 관계했던 분들이 많이 검거되었었던 흥업구락부 사건(興業俱樂部事件)이라고 했다. 그때 윤치호(尹致昊) 씨, 신흥우(申興雨) 씨 등도 같이 구금되셨던 걸로 알고 있다. 그 봄 여름이 다 가고 가을이 되어 학교에서 돌아오니 우리 학교 선생님들이 여러분 와 계시고 아버지 안색은 흰 고의적삼과 구별하기 어려웠을 정도로 창백하시었으나 웃으시며 이야기하고 계셨다. 그러나 그곳에 계신 동안 사직서를 강요에 의해 쓰셨다고 하신다. 그 후 아버지는 집에서 시조를 읊으시며 우리말 각 지방의 방언 수집하신 자료들을 살피시며 계시었고 우리 집 생활은 말이 아니었으나 나는 생활 때문에 걱정하시는 것도 아무것도 모르고 아버지께서 나오신 것만 기뻤다. 내가 철들기 시작했을 때부터 방학 때마다 각 지방의 방언을 수집하러 다니신 줄로 안다. 국어사전 관계였던 것으로 알고 있다. 유각경 씨 유억겸 씨 등 여러분이 같이 찍으신 사진도 여러 장이 있던 걸로 기억된다. 또 같은 동네(樓上洞)에서 성함은 잊었으나 국어사전 관계로 또는 친구로 찾아오시기도 하고 찾아가시기도 하던 분[2]과 늘 사전과 우리말에 대해 이야기하시는 것도 많이 들었고 방언을 혼자 말씀으로 외우시기도 하시던 모든 것을 자세히 적어 두지 못한 것이 너무도 죄송스럽다. 학교에서는 아버지가 구금되신 후 도서실 일을 내게 맡겨 주시어 용돈을 쓸 수 있었고 도서

---

[2] 일제강점기 최초의 국어사전인 『조선어사전』을 편찬한 문세영(文世榮) 씨인 듯하다.

실 관계로 또 피아노를 중단함으로 학비 걱정은 없었다. 그렇게 그 겨울이 되고 12월 7일 지나사변(支那事變)이 일어나자 아버지께 대한 그들의 감시 협박은 말할 수 없이 되고 그전에 강제로 가입시킨 보도 연맹이 극성을 떨어 한 달에 한 번씩 7일이면 남산에 모아 놓고 감시 와 세뇌 작업에 열을 올리었다. 지방에 여행하시는 일 같은 데도 그 들의 간섭이 있어 마음대로 다니시지 못하셨던 걸로 기억이 된다. 그 이듬해 새 학기가 되자 학교의 노력으로 (조선어 시간이 없어졌으므 로) 습자 시간을 강사로 다시 나가시게 되시었다. 소위 그들이 말하는 조선어 시간이 우리들한테는 참 유익한 시간이었음을 우리들은 지금 도 생각하고 있다. 아버지께서는 한글학회에 관계하시고 또 학회에 서는 한글 맞춤법을 만드셨기 때문에 우리 학교에서는 새로운 철자 법 한글 맞춤법을 배웠기에 요사이 많이 바뀌었어도 다른 학교 학생 들보다 앞서 있어 편한 일이 한두 가지가 아니었다. 늘 아버지께서 방언 조사나 한글에 대해 공부하시고 살피셨기에 책상 앞에 계신 아 버지를 모시고 뵙고 살아온 어린 시절이 행복했고 자랑스러웠었다. 생활이 말이 아니게 되자 친구이신 구(丘) 선생님과 함께 협성학교 교장 이유응(李裕應) 씨의 당숙 되시는 분을 앞세우고 왕십리에서 제 면공장을 조그맣게 시작하셨다. 장사의 경험이 없으신 아버지나 구 (丘) 선생님이나 오직 그분(그 공장에서 전부터 일하시던 분)만을 믿고 하는 일이니 제대로 될 리가 없었다. 그분도 정직하기로 유명한 분이 시나 여러 공원을 다 살필 수는 없는 일. 뒤로 훔쳐가는 일, 게으름 피워 물건을 버리게 하는 일 허다하니 점잖기만 한 주인 두 분은 좋은 말씀으로 이르니 들을 리가 없었다. 또 동네 불량배들의 텃세 또한 거세어 고생하시다 어린 시절 절친한 친구시며 송도고보(松都高普)에서 같이 재직하셨던 유대위(柳大尉, 유관희(柳寬熙) 씨)의 방문으로 수월해졌다고 하셨다. 두 선비님의 사업은 결국 결손으로 인하여 넘기시고 마셨다. 그 후 다시 복직하심으로 학비는 면제되나 사년제 전문의 학비제가 있고 또 오빠도 학교 다니는 중이고 여러 가지 생각 끝에 삼년제인 숙전(淑專)으로 보내시던 아버지의 심정을 지금 생각해도 가슴이 아프다. 학업에 대한 관심이 크신 아버지는 재당숙 성래(晟來) 씨(현하 의학박사)와 어려우면 어려운 대로 같이 생활하며 학교 다니셨고 (할아버지께서 황해도 연백에 계셨기에) 충주 사는 촌수도 먼 일가 학생도 우리 집에서 학교에 다니도록 하셨던 아버지, 우리 집도 고등교육을 받은 사람이 많아야 집안이 융성해진다고 늘 말씀하시던 아버지, 어려운 중에도 언니는 이전(梨專)에 나도 전문(專門)에 다니게 하셨던 아버지, 오빠는 사범(師範)에, 해방 후 사범대학을 나와 아버지의 뒤를 이어 경복(景福)에서 국어 교사를 지낸 일들 모두 아버지의 뜻이라 생각한다. 내가 자녀의 공부에 대한 욕심이 많은 것은 그때에 받은 영향이 아닌지 모르겠다. 그 후 내가 시댁의 재촉으로 2학년에 중퇴하고 42년 봄 결혼한 그해 초겨울 어느 날 저녁때 재당숙 성래(晟來) 씨가 찾아오셨는데 안색이 좋지 않아 무슨 일인가 했더니 아버지께서 검거되셨다고 한다. 저녁 후 급히 집에 가니 어머니는 사색이 되시었고 어디로 가셨는지도 모르신다고 하신다. 며칠 후 소식을 들으니 함흥으로 연행되셨고 어학회사건이라고 한다. 그 유명한 조선어학회사건이다. 한 여학생의 일기에서 발단이 된 사건이다. 조선어학회의 중진이시던 아버지께서 빠지실 리 없고 관계되시던 분 누구누구 다 연행되셨었단다. 오빠는 시골 직장에 내려가 있고 올케와 재당숙만 어머니와 그 겨울을 지내셨다. 간혹 같이 연행되신 분들

가족에게서 함흥 소식을 들으시고 차입도 도움을 받아 가며 하신 듯했다. 출가한 새댁이라 마음만 조릴 뿐 면회 한 번 못 가뵙고 울기도 많이 했었다. 그 이듬해 봄인가 어머니와 올케는 시골 오빠가 근무하던 곳으로 이사하시어 시골 생활을 하셨다. 누상동 집을 오빠가 올라와서 팔았다. 그 여름 외출했다 돌아오니 종로경찰서에서 나에게 출두 명령이 와 있었다. 집안 어른들은 놀라고 걱정들 하시고 나도 마찬가지였으나 아버지께 무슨 일이 있나 하고 마음을 졸이며 갔더니 창씨개명을 안 하셨다는 이유로 나를 부른 것이다. 우리 시댁은 남씨(南氏)인데 어떻게 했느냐고 묻길래 미나미(南) 총독이 있지 않으냐고 했더니 아무 말도 하지 않았다. 날씨가 더워지던 때라고 생각난다. 소포를 찾아가라는 짐표와 함께 아버지의 옥중 편지를 받았다. 쉬이 출감하실 것이라는 편지였다. 반갑고 기쁘게 받았으나 시댁 어른과 같이 사는 입장이라 기쁘면서도 송구스러운 마음이 가득했다. 외사촌 시아주버님이 짐을 찾아오셨는데 차입했던 솜이불이었다. 냄새나는 이불에서 아버지의 체취를 맡으며 아버지를 뵈온 듯 소리 없이 울었다. 시댁에서 어쩔 수 없어 어머니 계신 시골로 보내는 마음 많이 아팠다. 어느 날 출감하신다는 말씀도 없이 그해 9월경이라고 생각되는데 갑자기 늦은 아침에 우리 집을 찾으시니 반가움과 기쁨으로 눈물이 쏟아지며 아버지를 우리 방으로 모셨다. 전날 서울에 도착하셔서 여관에서 주무셨단다. 출감한 사람을 꺼리는 우리 습관을 생각하시고 하루를 지내고 오신 것이다. 새댁인 나를, 어른을 모신 딸을 생각하심이었으며 (시아버님과 친구 관계이셔도) 잠깐 쉬시고 여러분을 만나신다고 곧 외출하셨다. 하루 쉬시고 찾아보시라고 말씀드려도 딸을 생각하시는 마음에서 그러셨음을 나는 안다. 아침진

지도 잡수셨다고 하시며 장대인 선생님[3] 댁에 숙소를 정하시고 계시며 서울에 일을 보시고 시골로 내려 가셨다. 오시던 이튿날 아침을 굶으신 것을 장 선생님 사모님께로부터 안 나는 우리 집에서 아침 잡수셨다고 말씀하셨던 것을 시집살이하는 딸에 대한 아버지의 자상하신 배려에 송구스럽고 죄송스러워 가슴이 아팠다. 늘 걱정을 끼쳐 드리기만 한 어리광쟁이 막내, 아버지의 사랑만 가득히 받은 나, 아버지에게 걱정만 끼쳐 드린 것 너무도 죄송스러워 가슴이 메어지는 것 같았다. 지금도 생각하면 눈물이 쏟아진다. 며칠 서울에 머무르시며 같이 나오시지 못한 분 댁에, 앞서 나오신 분들도 만나시고 볼일을 보신 후 어머니와 오빠네 식구가 있는 시골로 내려 가셨다. 해방이 되자 아버지께서는 먼저 상경하시고 오빠도 뒤이어 상경하시고 식구들은 간현(艮峴) 할아버지께서 사시던 집으로 이사하셨다. 성래(晟來) 아저씨는 어머니가 시골로 내려가신 후 하숙을 하며 연희전문에 다니시다 아버지가 상경하시니 세 분이 함께 언니네 집 이 층으로 모이셨다. 언니네는 형의 남편이 군산 저축은행(貯蓄銀行) 지점 시절에 결혼하여 군산에서 생활하다 서울 본점으로 전근되어 을지로 5가 사택에서 살았었다. 아버지께서는 배화여고로 나가시고 오빠는 사대에 입학하여 성래 아저씨까지 언니네 이 층으로 모이신 것이다. 시어머님을 모신 언니가 친정 식구 세 식구를 모신다는 것이 얼마나 어려우셨을까 짐작하고도 남지만 후덕하신 시어머님과 형부의 자상한 마음이었다고 생각하며 너무도 감사하였다. 배화에 근무하시며 해방된

---

3) 고 장대인 장로는 이강래 선생의 송도고등보통학교 제자이고 배화여자보통학교에서 2년 6개월 함께 봉직하였다. 1960년부터 종교교회 장로로 봉사하였다.

조국에 기쁜 희망찬 생활도 좌익단체들의 극성과 좌우익의 마찰로 세상이 어지러워지니 학교 내에서도 편안치 않았던 것은 세상이 다 아는 일이다. 친형제처럼 온 식구가 안팎과 온 자녀들까지 다정하게 지내던 두 집안인데 이념이 갈리니 서먹하고 찬기도 도는 듯싶었다. 나야 출가하여 집안에만 있으니 잘은 몰랐지만 적지 않은 불편이 있으셨나 보더라. 아버지께서 가르치시던 제자, 나와 동기생이 학교를 마치고 교원으로 있는데 너무도 무례하게 군다고 말씀하신 적도 있었다. 이만규(李萬珪) 선생님이 가족과 함께 월북하신 후 아버지께서 교장으로 취임하셨다. 간현(艮峴)에 계시던 어머니께서 병환으로 위중하시다는 소식을 듣고 언니와 함께 영자 혜숙을 데리고 내려가니 위중하셨다. 한 달쯤 간호하였으나(언니가 거의 다) 금일 금일 하시다가 7월 13일 방학을 며칠 앞두시고 그리도 기다리시던 아버지를 못 만나시고 돌아가셨다. 교장으로 취임하신 후 동생을 낳으신 어머니와 결혼하시어 필운동 교장(校長) 사택으로 이사하셨다. 오빠, 성래 아저씨도 함께 결혼을 생각하시고 나에게 물으셨던 일이 생각난다. 네 생각은 어떠냐고 물으실 때 나는 주저 없이 찬성한다고 말씀드렸다. 혼자 살림을 하실 수도 없고 새언니가 모신다는 것도 힘든 일이고 내 입장이라도 홀로 계신 시아버님을 공직에 계신 분을 불편 없이 모신다는 것은 참 힘든 일이니 새언니를 위해서도 찬성한다고 말씀드렸다. 언니도 마찬가지로 말씀드렸다고 들었다. 배화 교장으로 계시는 동안 배화 오십 주년을 지내셨다. 우리 둘째 필숙이 세 살 때 데리고 식에 참석했었다. 아버지가 교장으로 취임하신 후 학교와 학생을 위한 교육 그리고 학교 운영에 힘쓰시니 학생들은 좋아했으나 재단인 민씨(閔氏)네서는 반대가 나왔다. 선교사들이 물러간 후 민씨

네서 재단을 맡았던 것이다. 그래도 참으시고 재단 측과 마찰을 줄이시며 당신의 생각을 관철하시려 하셨으나 너무도 거세지니 사표를 내셨다고 하셨다. 그때 학생들은 교장실을 점거하고 단식 투쟁을 하며 학부모들도 사표를 못 내시게 했으나 학생들 학업에 지장을 주어서는 안 된다 하시며 학생들을 달래시고 학부모와 학생들의 뜨거운 격려를 받으시며 떠나 오셨다. 꼿꼿한 아버지 성품이 돈을 쥔 재단 측과 마찰이 없을 수가 없었을 것이다. 그리고 경복 교감으로, 경복(景福)으로 나가시게 되셨다. 그 후 육이오(六·二五)가 일어나 숨을 죽이고 젊은 남자들은 숨어 살던 여름이 지나고 나니 중공군(中共軍)이 내려온다는 일사(一·四)후퇴를 맞았다. 모두 남쪽으로 피난들을 갈 때 아버지께서는 단신으로 부산으로 내려 가셨고 어머니는 어린 용익을 데리고 음성 고모네로 가셨었다고 들었다. 친정 식구들은 어떻게들 하셨는지 알아볼 수도 없고 언니네는 형부가 납치되신 후 아무 소식도 알아볼 수도 없었고 우리는 은행에서 내어 준 트럭을 여러 가족들이 함께 타고 아이들과 우리 내외만 이불 보따리와 약간의 옷만 가지고 부산지점으로 내려갔다. 며칠 후 이모님 댁과 같이 시부모님은 부산으로 오셨는데 친정 식구 소식은 알 길이 없었다. 얼마 후 아버지와 어머니가 용익을 데리고 부산에 오셔서 전경준 배화보통학교 교장 댁과 같은 집에 계시다는 소식을 듣고 찾아뵙고 마음을 놓았다. 오빠네는 임재 엄마만 고모 댁에서 보고 오빠는 어찌 되었는지 알 수 없었다. 나중에 이야기를 들으니 국민병으로 나가서 가다 낙오가 되어 청주로 가서 숨어있다가 임재 모녀를 만나서 정착하여 청주여고에 근무하였단다. 아버지께서는 부산 피난학교에 나가셨다고 기억한다. 수복 후 서울 분교의 책임자로 먼저 올라 오셨다. 정부가

1960년대 둘째 이용진 가족사진(가운데가 이용진, 남기택 부부)

모두 올라오니 식구가 모두 만나 반갑기 그지없었으나 언니의 모양
이 처지가 너무도 가슴을 찢었다. 혹시 형부가 어디 숨었다라도 돌아
오나 하며 돈도 없어 적들이 우글대는 서울에서 비참한 생활을 한
모양이었다. 언니네는 연천이 삼팔 이북이 되고 보니 지주라고 앙심
을 품고 그쪽 사람들이 잠깐 보자는 게 영영 소식이 없게 되었다.
선발대가 하나둘 상경하는데 시외사촌이 양조장을 시작했는데 거기
서 병 닦는 일을 하여 끼니를 이으셨단다. 혼자 된 언니가 시어머니
와 어린 세 딸을 데리고 그 겨울을 어떻게 지내셨는지 비참함을 볼
수 없었다는 이야기를 들으니 민망하고 불쌍해 죽을 지경이었다. 완
전히 수복하여 자리가 잡혔으나 언니네 생활은 여전하였다. 아버지
께서 이리저리 주선하시어 다행히 국민학교 교사 자격증이 있어 경
기도 신도면 국민학교에 취직하여 남의 집 문간방에라도 자리 잡고

작은딸 이용진 부부(남편은 남기택)

살기 시작하였다. 아버지는 경복에 근무 여일하시고 오빠는 경동고
로 전근 상경하여 사택에서 살고 식구들 잘 지내고 언니도 그런대로
자리 잡고 세 딸과 조그만 집 짓고 교육시키며 잘 지내고 어린 용익
고등학교(경복)에 입학하여 잘 다니고 공부 우수하고 우리 아이들도
제대로 진학하고 잘들 크니 태평세대가 따로 없는 것 같았다. 어느덧
아버지 연세 높으시어 정년을 맞으시니 그때나 이때나 한글학회 이
사로서의 역할을 착실히 하셨을 것으로 알고 있다. 시간이 있으시면
또 일요일이면 교회에서 댁으로 돌아가시는 길에 우리 집에 오셔서
아이들도 보시고 친구이신 시아버님과 이야기하시기 잘하셨다. 나를
시집보낼 때 언니를 멀리 군산으로 보내신 게 섭섭하셨던지 너는 가
까이 두고 용진아 하고 너를 부르며 자주 찾아보시겠다고 하시더니
그 말씀대로 가까이 보내시고 또 친구 사이시라 자주 들르시던 편이

었다. 우리 큰딸 혜숙이 대학에 입학하던 1학년 겨울 딸을 데리고 우리 내외 외투를 맞춰 주려 나갔다 돌아오니 그날도 교회에 다녀서 오셨었다고 한다. 한참 못 뵙던 차라 섭섭하셨겠다 생각하고 내일은 올라가 뵈어야겠다고 이야기하며 저녁을 먹으려 하는데 집에서 온 어머니의 전화였다. "놀라지 말게" 하는 음성이 이상스레 들리며 가슴이 뚝 하고 떨어지는 것 같았다. "아버지께서 저를 못 보고 가셨다는데 웬일이세요" 하니 쓰러지셔서 의사도 다녀갔다고만 하신다. 신교동 집으로 올라가니 의사가 다녀갔는데 희망이 없다고 했다신다. 아버지는 곱게 조용히 주무시는 듯했다. 허겁지겁 이종 시동생을 찾아가고 성래(晟來) 아저씨도 오시고 큰고종도 마침 와 있었고 두 한의사가 머리를 마주대고 이야기하나 아무런 대책이 없다며 한숨만 쉬는데 아저씨가 운명하신다며 우리를 모으셨다. 그때나 이때나 아무 변함없이 주무시는 듯하신데 숨결만 멎으신 것이었다. 나중에 어머니께 들으니 교회에서 귀가하시는 길에 나와 우리 아이들 우리 식구 보고 싶으시어 다녀 오시마 하시며 집을 나오셨다 하신다. 잘 보시고 오셨느냐고 하시니 아이들은 봤는데 우리 내외와 큰애는 없어서 못 보았다시며 몹시 섭섭해하셨다신다. 마지막 보시려고 오셨는데 집을 비워 못 뵈온 것이 끝내 끝내 한스럽고 죄송스럽고 불효를 저지른 것 지금 생각해도 너무도 안타깝다. 집에 들어오시어 깨끗이 손발 씻으시고 어머니께 고맙다고 하시니 왜 갑자기 그런 말씀을 하시냐시며 저녁상을 올리니 저녁을 잡수시고 화장실 다녀서 마루에 올라오시어 쓰러지셨다신다.

나의 아버지 추정 이강래 선생님

이용익[*]

　아버지의 노년에 태어난 저는 아버지의 삶에 대해서 기록된 자료들과 들은 이야기들과 제가 자랄 때 부모님과 저 세 식구가 생활하면서 뵌 아버지의 모습을 되새겨 보며 아버지를 추모하고자 합니다.

우리 말글 보존 계몽 활동

　아버지께서는 1910년 관립공업전습소 도기과(官立工業傳習所 陶器科)를 졸업하신 이듬해인 1911년부터 2년여 동안 만주 연길과 노령 블라디보스토크에서 보재 이상설 선생을 따라 독립운동에 참가하시면서 지역 동포들에게 순회하시며 한글을 가르치셨습니다.

　아버지께서는 청년 초기에 기술 기능을 연마하여 뒤떨어져 있던 당시 우리나라의 공업 진흥을 이루는 데 기여하고자 도기과를 졸업하셨으나 만주 연길에 계실 때 강하게 솟구치는 국권 회복의 의식과 열정은 일제에 맞서 조선어학회와 학교 교단에서 우리 말글 얼을 지키기 위해 싸우는 형극의 길로 이끌었습니다. 다시 말해서 망국 국민

* 글쓴이 이용익(李容益, 1948~)은 이강래 선생의 차남으로 경복중고등학교와 연세대학교 상경대학을 졸업하고 한일은행에서 지점장으로 근무한 후 정년퇴임하였다. 현재 종교교회 원로장로.

268　제3부 추모의 글

들로 하여금 한결같이 한글을 익히게 하는 것이 자주성 강화와 실천을 기할 수 있는 길이라고 믿으시고 한글의 체계를 확립하고 한글을 가르치는 데 힘을 합하겠다고 결심한 것이 바로 연길에서였다고 말씀하셨습니다. 아버지는 크게 두 가지로 우리 말글 보존 계몽 활동에 참여하셨는데 그 하나는 1927년 12월 20일에 조선어연구회(1931년 조선어학회로, 1949년 현재의 한글학회로 변경됨)에 입회하시면서부터 해방 후까지 여러 지방을 다니시며 한글 강습회에 강사로 활동하시면서 한글 계몽과 방언을 수집하는 활동을 하신 일과 다른 하나는 조선어 표준어 사정의 전 과정을 최종 마무리 정리 작업까지 참여하셨고 큰사전의 편찬을 준비하는 실무 1기에 조선어학회 간사의 한 사람으로 참여하셨으며 후에 큰사전 편찬 사업을 위한 원조 문제로 내한한 미국 록펠러 재단 인사와의 회담에 한글학회 대표의 한 사람으로 참석하는 등 큰사전 편찬의 기초를 마련하는 데 힘쓰신 것입니다. 일제는 1942년 10월 '조선어학회 사건' 때 아버지가 1935년 조선어 표준어사정위원회에 참여하여 협의를 한 점, 1931년 조선어학회 사무실에 참여하여 한글 강습회 개최에 대해 협의를 한 점 등을 문제 삼아 처벌하였습니다. 검거되시기 전 가택 수색을 당하여 장서 중 일부를 불온서적으로 압수당했는데 주로 우리 말글과 역사에 관한 책들과 기독교 서적들이었습니다.[1] 아버지는 광복 후에도 한글 전용 촉진회 위원,

---

1) 증거물건 제162호 '한글' 제1권
   증거물건 제163호 '한글' 제2권
   증거물건 제164호 '한글' 제3권
   증거물건 제165호 '高麗槪史' 文一平 先生 著
   증거물건 제166호 '東史提綱' 玄白堂 先生 著
   증거물건 제167호 '猶太民族의 世界的 活躍' 韓稚振 著

국정교과서 교본 편찬 위원(1949년)으로 일하셨고, 1949년부터 1967년 돌아가시기 전까지 재단법인 한글학회 이사를 맡으셨습니다. 아버지는 1957년 제511주년 한글날에 20년 이상 한글 운동에 근속한 학자 11명에게 주는 한글공로상(문교부장관 표창장)을 받으셨습니다. 이 상을 받으신 분들은 최현배, 이희승, 정인승, 장지영, 김윤경, 이강래, 이병기, 권승욱, 이석린, 양주동, 이 탁 제씨였습니다.

학교 교단에서의 교육 활동과 독립 투쟁

아버지는 1915년 개성 정화여학교 교원으로 시작하여 38여 년 동안 학교 교단에서 제자들에게 한글과 우리 고전, 윤리 도덕 과목 등을 가르치셨습니다. 아버지는 정화여학교 교원으로 근무하시던 1915년을 전후하여 개성 지역 독립운동 단체인 '11월 동지회'(13인)의 일원으로 활동하셨습니다. 11월 동지회는 창가를 통해 민족의 독립운동을 펴고자 애국·독립의 내용을 담은 독립군가, 윤치호의 애국가, 조국을 생각하는 노래 등을 모아 창가집을 만들어서 한영서원(후에 송도고등보통학교)과 호수돈여고 등 학생들에게 배포하여 교육함으로 독립 정신을 고취시키고자 했었는데 아버지는 여기에 가담하시다가 1916년 발생한 '애국창가집 사건'('창가독립운동 사건'으로도 불림)의 주역의 한 사람으로 개성경찰서에 체포되어 고초를 겪으셨습니다.

아버지가 1920년 개성 송도고등보통학교에 교사로 부임하신 때는

증거물건 제168호 '不咸文化論' 崔南善 著
증거물건 제169호 '半萬年 朝鮮歷史' 朴海默 著
증거물건 제170호 '大東紀年(卷五)

설립자인 윤치호 선생이 교장으로 계셨고 윤치호 선생은 이 학교를 교육과 선교를 목적으로 설립했기에 매일 아침 교정에서 기도회를 가졌고 성경 과목이 있었고 때때로 학생부흥회와 새벽기도회까지 있었으며 교사들은 모두 기독교 신자들이었다고 합니다.

1936년 12월에 일제는 '조선 사상범 보호 관찰령'을 만들어 그들의 비위에 거슬리는 사람들을 '요시찰인'이라 하여 감시하기 시작했습니다. 그때 아버지는 '사상범 보호 관찰자'로 지목되어 한 달에 한 번씩 7일이면 남산 순화교육대에 불려 가셔서 세뇌교육을 받으시고 지방 여행도 마음대로 다니지 못하셨습니다. 1938년 4월 1일부터는 일제의 '조선 교육령 개정령'에 따라 조선어 과목이 폐지되자 배화고 등여학교에서 조선어를 가르치시던 아버지는 한문과 붓글씨를 지도 하셨습니다. 그러나 아버지를 비롯한 그때 배화의 많은 교사들은 당 국의 감시의 눈을 피하여 조선 역사와 조선어를 계속 가르쳤습니다. 그해 7월 '흥업구락부 사건'이 났을 때 배화고등여학교의 교사 중 요 주의 인물이셨던 아버지는 치안유지법 위반 혐의로 서대문경찰서에 구금되어 고초를 당하신 후 9월에 기소유예 처분으로 석방되셨으나 일제 보호관찰소의 지시에 따라 일괄 사표를 내는 형식으로 배화고 등여학교 교원직을 강제 사직당하여 실직하셨습니다. 그 후 6년 만 에 배화여자중학교 교사로 복직하시고 1946년 6월에 배화여중 제10 대 교장으로 취임하셨습니다. 그러나 해방된 조국에서 아버지의 삶 은 평탄하지만은 않았습니다. 아버지는 좌익계 교사들의 반발과 협 박 속에서 일제시대와 해방 후의 혼란 가운데 제대로 이루어지지 않 고 있던 미션 스쿨로서의 신앙 전통을 회복하기 위해 종교 교육을 부활시켜 학생들에게 기도회 시간을 갖게 하고 기독교 신앙을 가진 교사들을 등용하는 등 신앙 교육 활동을 꾸준히 펼쳐 나가셨고 배화 창립 50주년 기념행사를 주관하셨습니다.[2] 이후에도 학교와 학생을 위한 교육과 학교 운영에 힘쓰시니 학생들은 좋아했으나 재단과의 갈등이 겹치면서 학부모, 학생들의 극구 만류에도 불구하고 학업에 지장을 주어서는 안 된다고 하시며 1949년 3월에 정든 배화 학원을 떠나셔야 했습니다.

이강래 선생은 배화여중 교장이던 시절, 필운동 교장 사택에서 살다가 학교 재단 및 좌익계 교사들과의 갈등 끝에 학교를 그만두고 처가살이를 시작하게 되었다. 처가 식구들과 함께 살았던 곳이 송석원(松石園)인데, 사진의 뒷배경으로 처가가 보인다. 사진의 오른쪽은 장인 안경희, 왼쪽 뒤는 아내 안화옥, 왼쪽 앞은 차남 이용익이다.

아버지는 배화여학교에서 12년 10개월(교사로 10년 2개월, 교장으로 2년 8개월) 근무하셨는데 이때 두 따님 모두 배화에서 교육을 받았습니다. 저의 큰누님은 배화여자보통학교를, 작은누님은 배화고등여학교를 졸업했습니다. (우연히도 저의 장모님이신 이금순 님도 배화고등여학교를 졸업했습니다.)

3·1운동이 일어나기 전인 1919년 2월 하순에 개성 독립운동을 논의하기 위해 개성에 내려온 민족대표 33인 중 1인 종교교회 오화영 목사와 아버지를 비롯한 개성 교계 지도자들과의 모임을 주선한 개성 남부교회 김지환 전도사는 아버지와 배화여학교에서 6년간 같이 봉직했습니다. 육영수 여사는 아버지에게 직접 배우지는 않았지만

---

2) 성백걸, 『배화백년사』, 배화학원, 1999.8, 403~409쪽.

1963년 6월 육영수 여사가 배화고녀 은사들을 청와대로 초대
(뒷줄 가운데 이강래 선생, 왼쪽 옆 김윤경 선생)

1938년 아버지가 배화고등여학교 교사로 계시던 때에 입학해서 일제에 의해서 배화에서 강제 퇴직당하신 후인 1942년 졸업했습니다. 육여사는 배화 졸업 후 청와대에서 분망한 가운데서도 가정 형편이 어려운 학창 시절 은사들을 남몰래 돕는 일로 존경을 받았습니다.

그 후 1950년 10월 아버지가 경복중학교의 교감이 되신 때는 한국전쟁 중 중공군의 역습으로 피난 길에 오르기 시작한 때였고 이듬해 1951년 4월 부산 영도에 세운 가교사에서 김영기(金永起) 교장과 이강래(李康來) 교감 및 수 명의 교직원과 학생들을 중심으로 피난학교의 개교식을 거행하고 몇 개의 백색 천막 안에 책상 의자를 비치하고 눈물겨운 수업을 시작하였습니다. 그 후 국군이 다시 북진하게 되자 그동안 각지에 분산해 있는 학생들을 모아서 1952년 4월 서울 본교에 경복훈육소의 문을 열게 되었고 아버지는 경복훈육소의 책임자로 임명되시어 전쟁으로 파괴된 모교의 교육을 다시 살리고 정신적인 좌절에 빠져 있던 학생들에게 용기와 희망을 불어넣는 일에 불철주야 힘을 쏟으셨습니다.[3] 그때 60대 후반 고령의 아버지가 교감의 직책을 가지고 젊은 교사들과 더불어 이 일을 하실 때 얼마나 힘들고 고충이 많으셨을까 상상해 봅니다.

아버지는 정년퇴직을 앞두신 1956년 10월 서울특별시교육회로부터 교육 공로자 표창을 수상하셨는데 일제하의 24년을 포함하여 33년여를 교단에서 후진 양성을 위한 교육에 몸 바치셨던 아버지께서는 "불민한 저에게 과분의 영광과 찬사를 주시어 감격의 충동(衝動)이 일게 가슴을 흔들며 수괴(羞愧)의 찬땀이 축축히 등골을 적십니다."라고 겸손해하시며 감사해하셨습니다.

집안 교육, 말년의 삶, 추정문고(秋汀文庫)

아버지는 광주이씨 문중의 어른으로서 자주 조상의 산소를 찾으시고 종중의 모임에 참여하여 종중 문제 해결에 힘쓰시는 등 집안 어른으로서의 역할을 충실히 감당하셨습니다.

집안 교육에 관심이 많으셨던 아버지께서는 가까운 친족인 서울의 재당숙, 충북 음성의 작은고종사촌형 그 외에도 지방에 사는 먼 일가

---

3) 『경복 70년사』, 경복동창회, 1991.12. 754쪽. 본서 제2부 3. 서신 및 기타 (2) 제자로부터 받은 서신 참조.

학생도 우리 집에서 숙식을 하면서 학교를 다니게 하셨습니다. 재당숙은 우리 집에 살면서 연희전문을 졸업한 후 한의학 박사를 취득하고 한의원 원장이 되었고, 작은고종사촌형은 우리 집에서 대학교를 다니고 졸업 후 대한무역진흥공사(현 KOTRA)에서 오래 근무하였으며 충북 음성 큰고종사촌형의 아들 윤태돈 씨는 초등학교, 중·고등학교, 대학교까지 우리 집에서 한 식구같이 부모님의 사랑을 받고 지냈고 학교 졸업 후 공장을 운영하며 소상공업에 종사했습니다. 어려운 살림 가운데서도 큰누님은 이화학당 내 이화보육학교를 졸업하였고 작은누님은 숙명여자전문학교에서 수학하고 형님은 서울대학교 사범대학을 졸업하고 아버지가 정년퇴직하신 후에 경복고등학교에 부임하여 국어 교사로 봉직했습니다.

정년퇴임 후 아버지는 자주 방문하던 친구, 친척들과 담소하시고 또 여러 분야의 책을 읽으시며 지내셨습니다. 돌아가시기 몇 년 전에 신교동 자택에서 자손들을 위하여 책을 전사(傳寫)하거나 책 내용의 목록을 만들거나 하셨습니다.

조선 말기 시종(侍從)의 관직에 있던 친구 우관(于觀) 박해원(朴海遠) 선생의 소장 도서 동소만록(桐巢漫錄)을 빌려다가 철필(鐵筆)로 빽빽이 전사(傳寫)한 노트 2권이 남아 있습니다. 여기 말미에 이렇게 쓰셨습니다.

"일구육삼년(一九六三年) 여름에 척서(滌署) 겸(兼) 마음을 안정(安定)시키기 위하여 우관(于觀) 박해원(朴海遠) 형(兄)에게 있는 동소만록(桐巢漫錄) 단권(單卷) 책(册)을 빌려다가 모필(毛筆)도 아니고 철필(鐵筆)로 전사(傳寫)하였더니 오서(誤書)와 누락(漏落)을 심(甚)히 주의(注意)하였으나 그다지 자신(自信)이 적으며 그리 마음에 들지는 않을

시종 박해원 소장본을 빌려다 필사한 〈동소만록〉 일부

뿐만 아니라 후(後)에 자여손(子與孫)들이 읽게 될가 의문(疑問)이어서 또다시 기쁘지는 아니하다. 하지만 기왕 땀이 흐르는 하일(夏日)에 쓴 것을 버리기는 아깝고 공력을 들인 것이라 책(册)장 속에 넣어 두노라. 1963년 9월 신교정사(新橋精舍)에서"

또 하나는 한문(漢文)으로 된 조선조 주요 인물들의 행적을 기록한 책인 국조인물지(國朝人物志) 상중하 3책을 후손들이 상고하는데 편리하게 철필(鐵筆)로 목록을 만드셨는데 여기에는 각 인물별로 자·호, 본관, 당시 조정명, 직위와 기록된 쪽이 적혀 있습니다. 말미에 이렇게 쓰셨습니다.

"국조인물지(國朝人物志)의 재재(載在)한 제인(諸人)의 행적(行蹟)을 상고할 때에 편리(便利)를 얻기 위하여 성별(姓別)로 목록(目錄)을 만들어 보려고 하여 찾아 쓰다가 착오(錯誤)된 기입(記入)이 많으므로 다시 옮겨 쓰려다가 중지(中止)하고 볼상 없이 되었으나 그래도 상중하(上中下) 세 권을 그대로 더듬어 찾는 것보다 나을가 하여 남겨 두노라 1964년 3월 25일 신교정사(新橋精舍)에서" 두 책 모두 말년에 오랜 기간 동안 공력을 들여 쓰신 것인데 과연 후에 자여손들이 읽게 될 것인지 의문을 가진다고 안타까움을 나타내셨습니다.

　아버지께서 생전에 소장하고 계시던 경서류, 국어 관련 자료, 한시

〈추정문고〉에 이강래 선생이 소장하던 도서를 기증한 차남 이용익 가족

자료, 국사 관련 자료 등 237책은 돌아가신 후 1993년 2월 22일 단국
대학교 천안캠퍼스 율곡기념도서관에 기증되어 그곳에 '추정문고(秋
汀文庫)'가 설치되었고 1994년 8월 한적목록(漢籍目錄)이 발간되고
1995년 초봄에는 자료 전시회를 열었고, 현재 우리나라 국학 연구자
들의 연구에 기여하고 있습니다. 당시 단국대학교 율곡기념도서관장
직을 맡고 계시던 홍윤표 교수님과 저의 친구인 당시 단국대학교 상
경대학 이광주 교수가 이 문고 설치에 많은 수고를 했습니다.

아버지의 배우자분들

아버지의 첫 부인은 한산이씨 가문의 분으로 1882년 출생하시고
자손 없이 1906년 일찍 돌아가셨고 두 번째 부인 안상익(安相益) 님은
순흥안씨 가문의 분으로 1889년 출생하시어 아드님 한 분(일찍 여의
심)과 두 따님을 두셨는데 아버지가 조선어학회에 입회하시어 한글
보존 보급 활동과 독립 투쟁을 하시다가 여러 차례 옥고를 치르셨던
전 기간을 고락을 함께하시며 내조하시다가 1946년에 돌아가셨습니
다. 순흥안씨 가문의 저의 어머니 안화옥(安華玉) 님은 세 번째 부인
으로 1914년 생이시고 1947년 아버지와 결혼하셨는데 아버지보다 많
이 연하로, 한학을 하시고 공직에 계셨던 외조부 밑에서 경성여자고
등보통학교를 졸업하시고 병원의 사무원으로 근무하시다가 아버지
와 중매로 결혼하셨습니다. 결혼 후 어머니는 연로하신 아버지를 드
러나지 않게 극진히 모셨습니다. 호칭은 늘 '선생님'이었습니다. 저
희 집에는 두 분이 함께 찍은 사진이나 제가 부모님을 모시고 함께
찍은 사진이 한 장도 남아 있지 않아서 아쉽습니다. 슬하에 저와 여

부인 안화옥 씨와 정순자 권사(왼쪽)

1980년대 부인 안화옥 씨와 가족들

동생 남매를 두셨는데 여동생은 6·25전쟁 때 피난처에서 생후 1년 만에 병으로 세상을 떠났습니다.

아버지가 전쟁 중 단신으로 부산에 거주하시며 경복중학교 피난학교에 근무하시던 때 어느 날 인민군 몇 명이 불시에 서울 옥인동 집에 들이닥쳐서 남아있던 가족들, 어머니와 외조부모님 저 이렇게 가족들을 한 줄로 세워 놓고 총을 겨누며 다 죽이겠다고 위협하였습니다. 가족들이 심히 두려워하고 있을 때 어머니가 나서셔서 나만 죽이고 다른 가족들은 해치지 말라고 애원하자 그들은 무슨 생각을 했는지 갑자기 총부리를 내리고 물건 몇 가지만 가지고 간 일이 있었다는 것을 어머니에게서 들었습니다. 지금 생각해도 아찔한 순간이었습니다. 어머니는 집안 간에 가까이 지내던 종교교회 정순자 권사님의 전도로 교회에 출석하셨습니다. 정 권사님은 17년 동안이나 포기하지 않고 어머니를 위해 기도하시고 어느 곳이든 어머니가 요청하시면 함께 다녔습니다. 교회 다니는 것을 싫어하여 아버지의 권유도 듣지 않으셨던 어머니가 정 권사님의 정성에 감복하여 마침내 전도를 받아들이시고 집안 구석구석의 부적을 다 불태우고 매주 종교교회 예배에 출석하시며 신앙생활을 하셨습니다. 몸이 약하셨던 어머니는 말년에 뇌졸중으로 쓰러지셔서 돌아가실 때까지 오랜 기간을 병마의 고통 속에서 지내셨습니다. 1991년 어머니가 돌아가시기 며칠 전 어느 날 병상에 누워 계시면서도 종일 기뻐하시며 곁에 있던 돌보미 아주머니에게 "어젯밤 꿈에 선생님을 뵈었는데 뒤에 밝은 후광이 둘러 있는 가운데 선생님이 두 팔을 활짝 벌리시고 환히 웃으시며 '이제 고생 그만하고 아들 걱정도 하지 말고 이 좋은 곳으로 어서 이사 오시오'라고 하셨어요"라고 말씀하셨습니다. 천국에 계신 아버지가 오랫동안 병석에서 고통 가운데 있는 어머니를 찾아오셔서 큰 위로와 소망을 주신 것 같습니다.

존경하는 그리운 아버지

아버지는 1927년 배화여자보통학교 교사로 부임하시면서 서울 도렴동 종교교회에 출석하여 본격적인 신앙생활을 하셨는데 자주 임지를 옮기시고 한글운동에 전념하셨기 때문에 교회에서 많은 일을 하지는 못하셨지만 종교교회에서 세례를 받으시고 권사 직분을 받고 돌아가시는 날까지 주일 예배에 열심히 출석하시며 교회를 섬기셨습니다.[4] 아버지는 유교 문화 가운데서 자라고 살아오셨지만 교회에서 신앙생활을 시작하신 후에는 하나님 말씀을 삶에서 실천하기를 힘쓰며 사셨습니다. 세상 불의와 타협하지 않으셨으며 제자들과 주위 사람들에게 항상 따뜻한 사랑을 베푸셨고 어려운 처지에 있는 이웃을 적극적으로 도우셨습니다.

다음 서신은 배화 사택을 떠나서 서울 옥인동에 거주하실 때 이웃집의 가장이 6·25전쟁에 참전하여 다리에 중증 상해를 입었으나 정부의 보상이 지체되어 극심한 경제적 어려움 속에서 많은 식구를 거느리고 인왕산 기슭에 천막을 짓고 사는 것을 딱하게 여기시고 평소 알고 지내던 기업체의 직원에게 취업을 부탁하신 후 받은 편지입니다.

---

4) 이덕주, 『종교교회사』, 도서출판 종교교회, 2005.1, 594·595쪽.

李 先生님

　하서를 받자옵고 한 번도 찾아 뵈옵지 못하와 대단히 죄송하옵나이다. 하오나 선생님 옥체 만강하심을 충심으로 기쁘게 여겨 마지 않습니다. 小生도 염려하여 주시는 덕택으로 회사 근무에 충실하옵나이다. 간곡하신 말씀에 ○○○ 취직에 대하와는 명심하옵고 극력 노력하겠사오나 원체 자리가 꽉 차 있사옵기에 爲先 임시 工員으로라도 推進코자 하오니 가부 통지 있을 때까지 기다려 주도록 本人에게 알려 주시옵기 바라옵니다. 여불비 상서

四二八九年(1956년) 二月 四日

홍○○ 上書

　후에 취업이 이루어져 그분 가정은 생계의 어려움이 많이 해소되었고 아들은 대학교를 졸업하고 은행에 근무하다 정년으로 퇴임했습니다. 그분은 자녀들에게 선생의 고마움을 평생 잊지 말라고 당부했다고 합니다.

　1958년 2월에 광주 이씨 종중산에 있는 저의 증조부모 묘역에 한 청년이 무단으로 자기 부친의 묘를 입장(入葬)한 사건이 발생했고 이장(移葬)을 약속한 그 청년은 여러 사유를 들어서 이장을 일방적으로 연기하고 있을 때 아버지는 좋은 말로 그 청년의 잘못을 지적하여 일깨워 주시고 가르치시고 기다리시다가 마침내 그가 잘못을 깨닫고 타처로 이장을 완료했을 때 그 일을 칭찬하시고 하나님 이름으로 앞

날을 축복해 주신 일도 있었습니다.

다음 서신은 묘소에 관한 문제가 잘 해결된 후 아버지가 그 청년에게 보낸 편지입니다.

○○○ **君 보게**

三月 二十二日에 學校에서 君의 書信을 받아 잘 읽고 적조한 끝에 매우 반가웠네. 지난 三月 三日에 君의 親山을 나의 山所 局內로부터 他處에 이장(移葬)하였다니 매우 잘 되었네, 君도 爲親하는 心情이 有別한 靑年으로 死後 白骨인 父親이 남의 口頭 筆端에 오르고 내리는 未安과 죄송(罪悚)을 除去하여 언제나 마음에 흐리었던 기운을 헤쳐 버리고 明朗한 기쁨을 담뿍 안게 되었으니 이보다도 快한 일이 없을 것일세. 나로서도 堂堂한 子孫이 있는 墓所가 無主 고분(古墳)으로 認定받은 山所를 이제야 確的한 有主 분묘(墳墓)로 밝혀지게 했으니 祖上에게 得罪를 免하였고 또는 君과 같은 똑똑한 靑年을 알게 되기를 서로 다툼으로 對하였다가 웃음으로 親하게 되었으며 特別히 宗敎人인 것이 더욱 기쁘게 되었네. 앞으로 서로 마음과 몸이 아울러 全知全能하신 神의 그늘 속에서 人類社會에 죄 짓지 않고 살아가기를 努力하는 사람이 되도록 다시 勸하며 빌기를 바라고 이만 그치네.

四二九三年(서기 1960년) 三月 二十五日

이강래 답

아버지는 일제 시절에 창씨개명 등 일제가 강요하는 어떤 일도 하지 않으셨고 평생 주초를 멀리하셨습니다. 평생 재욕을 모르시고 청빈하게 사셨습니다. 아버지 말년에 우리 집 재산으로는 외가 소유인 서울 송석원의 오래된 작은 한옥 한 채와 절약하여 모으신 돈으로 시골에 사 놓으신 논밭이 조금 있을 뿐이었습니다. 제가 학교에 다닐 때 저희 집은 부모님이 다 연로하셔서 유

손순득 여사

일한 수입원은 아버지의 퇴직금을 저의 초등학교 친구 부친이 임원으로 근무하는 기업체에 맡기고 나오는 이자뿐이었습니다. 그 친구의 모친 손순득 여사는 어머니와 친자매같이 가깝게 지내는 분이셨는데 오랜 기간 동안 밤늦게라도 꼬박꼬박 이자를 집으로 가지고 오셨습니다. 이것 없으면 근근이 연명하시는 그 댁은 큰일 난다고 하시면서. 참 고마운 분이십니다.

저는 그때 열심히 공부해서 빨리 집안을 일으켜야 됨을 절감하고 다른 데 관심 가질 여유 없이 오직 학교 공부에 전념했습니다. 그래서 고등학교 때는 서울시 장학금을 받고 공부할 수 있었고 대학 진학도 인문계로 가려던 당초의 생각을 오랜 고심 끝에 접고 상경계 대학에 진학했고 졸업 후 금융기관에 입사하였습니다. 아버지의 대를 잇지 못한 데 대한 죄송함이 마음 한구석에 있었는데 저의 큰딸이 국어학을 전공하게 되고 국어학자인 사위를 보게 되어 마음의 짐을 덜게

되어 다행이고 감사한 일입니다.

　아버지가 한글 강습회 강사로 활동하실 때나 학교 교단에서 학생들을 가르치실 때나 사전 준비에 성실하셨던 모습을 남겨 놓으신 교육 준비 자료 속에서 볼 수 있었습니다. 아버지는 틈 나실 때마다 관심 분야인 우리 말글에 관한 책, 우리 고전, 역사서, 기독교 서적, 한적들을 비롯하여 여러 분야를 폭 넓게 읽고 연구하신 것 같습니다. 조선어학회사건으로 검거되실 때 불온서적으로 압수된 서적들과 소장하고 계시다가 사후에 단국대 도서관에 기증된 고문헌들을 통해서 이것을 알 수 있습니다.

　아들이 귀한 집안에 늦둥이 아들로 태어난 저는 부모님의 사랑을 독차지하고 자랐습니다. 아버지는 조용하시고 점잖으시면서도 엄격하신 분, 매사에 늘 올바르시고, 항상 믿을 수 있는 분, 저의 든든한 울타리가 되신 분이셨습니다. 아버지는 제가 어떤 친구를 사귀는지 늘 살피셨습니다. 얼마 전에 아버지의 유품을 정리하는 중에 아버지가 친필로 적으신 주소록이 우연히 눈에 들어왔는데 그 주소록에는 당시 교유하시던 사회 인사들의 이름과 주소가 적혀 있었습니다. 그런데 그 이름 중에 중학생이던 제가 그 집에 자주 놀러 다녔던 학교 친구(후에 교사, 시인이 된 친구)의 이름과 주소도 들어 있는 것을 보고 놀랐습니다. 아버지의 세심하신 보살피심을 느낄 수 있었습니다. 아버지가 돌아가시기 몇 년 전 어느 주말에 고등학교 동기 한 명과 학교에서 만나서 지방 어느 모임에 가려던 날 아버지가 어떻게 아셨는지 지팡이를 짚고 학교까지 오셔서 저를 집으로 데리고 오셨습니다. 아버지가 그때 왜 그렇게 하셨는지 여쭤보지 않았고 지금도 잘 모르지만 저를 위해서임은 분명한 것 같습니다.

아버지와 함께 외출했던 일은 많지 않았고 대부분 기억에 없지만 기억에 남아 있는 것 중 하나는 1958년 5월 제가 초등학교 5학년 때 금곡 고종황제 능소에서 경복고등학교 직원 가족 원유회가 있을 때 아버지와 고종사촌형과 함께 가서 즐거운 하루를 보냈던 것이고 또 하나는 제가 배가 아플 때나 치아가 상했을 때 여러 번 아버지의 손에

1958년 5월 금곡 고종황제 능소 석물 앞에서 차남 이용익과 함께

이끌리어 송도고등보통학교 제자분이 하는 내과 병원(설규동 내과)과 치과 병원(조용진 치과)에 다니며 스승님의 늦둥이 아들로 대접을 받은 것이 생각납니다. 아버지는 시간 나실 때마다 앞으로 살아가는 데 힘이 되는 교훈의 말씀을 해 주셨는데 그 당시 어린 저에게는 그 말씀이 노인의 잔소리로 들렸던 것이 지금도 죄송하고 안타깝습니다.

1967년 2월 19일 주일날 돌아가시던 날도 아버지는 낮에 종교교회에서 예배를 드리고 오시면서 교회 근처 사직동의 작은누님 집에 들르셨는데 외출 중이어서 만나지 못하시고 신교동 집에 오신 후 손발을 씻으시고 어머니에게 고맙다고 하셨습니다. 어머니가 왜 갑자기 그런 말씀을 하시느냐며 저녁상을 올려 드렸는데 평소에 혈압이 높으셨던 아버지는 저녁을 드신 후에 화장실에 다녀서 마루에 올라오시며 뇌출혈로 쓰러지셨다 합니다. 저는 그때 외출 중이었는데 외출 후 밤에 집에 와 보니 작은누님과 집안의 여러 어른들도 와 있었고 의사가 아무런 대책이 없다고 말하고 간 후 바로 운명하셨다 합니다. 운명하신 후 마지막 뵌 아버지의 모습은 조용히 주무시는 듯했으나 한쪽 눈만은 감지 못하시고 치뜨고 계셨습니다. 늦둥이 아들 얼굴을 마지막으로라도 보시기 위해서 그러신 것이 아닌가 생각하니 지금도 가슴 아프고 죄송한 마음뿐입니다. 당시 아버지와 친분이 있으셨던 이병린(李丙璘) 인권 변호사가 아버지의 빈소를 찾아 조문을 마친 후 저를 조용히 불러서 한마디를 하셨습니다. "너는 훌륭한 아버지를 둔 것을 자랑해도 좋다" 저는 그 위로와 격려의 말씀을 감사함으로 받아 마음에 간직하였습니다. 그때 아버지 연세는 83세였고 종교교회에서 장례식을 마친 후 경기도 남양주시 화도면 차산리 광주이씨 종산에 안장되셨다가 1990년 8월 15일 건국훈장 애족장을 추서 받으시고 2001년 10월 19일 국립대전현충원 애국지사 2묘역 제926호에 전어머니 안상익(安相益) 님과 저의 어머니 안화옥(安華玉) 님과 함께 합동 안장되셨습니다.

저는 1967년 2월 아버지의 장례 기간 동안에 종교교회 교인들이 찾아와서 조문 예배를 드릴 때 처음 예배에 참석하였는데 그때 슬픔 가운데서도 세상에서 볼 수 없었던 밝은 빛을 보았고 마음의 평안함을 느꼈던 기억이 지금도 생생합니다. 저는 주위 어른들의 권유로 그때부터 종교교회에 출석하며 지금까지 57년을 신앙생활을 해오는 동안에 아버지가 물려주신 믿음의 유산이 딸들과 손주들에게로 이어지고 있습니다. 값진 신앙의 유산을 물려주신 아버지께 감사드립니다. 그동안 저는 종교교회에서 아버지가 생전에 인연이 있었던 분들과 후손을 여러분 만났습니다. 그분들 중에는 아버지가 개성 송도고등보통학교 교원으로 계실 때 그 학교에서 수학하신 박용익 목사, 장대인 장로, 임한영 장로와 배화여자고등보통학교 김지환 선생의 셋째 딸로 아버지의 배화여자중학교 제자이며 이화여대 교수와 태화기독교 사회복지관장을 역임하신 김선심 권사, 한글맞춤법통일안 제정과 조선어 표준어사정 등에 조선어학회 회원으로서 아버지와 함께 일하신 백야 이상춘 선생의 손자 이규 장로 등이 있습니다. 불초자인 저, 육신은 날로 쇠하여 가지만 지난날의 회한을 다 떨쳐 버리고 삶의 남은 기간이라도 자손 된 도리를 다하며 살기를 다시금 다짐해 봅니다. 아버지의 뜻을 따라 늘 영혼을 사랑하는 마음, 정직하고 바른 마음을 품고 삶에서 좋은 열매를 맺기 힘쓰며 이 나라의 문화와 역사 발전의 원동력이 되는 자랑스런 한글을 품격있게 사용하며 한글이 미래 시대에 필요한 세계인의 문자로 발전되기를 기원하며 살려고 합니다. 지금도 하늘나라에서 이 나라 이 민족 그리고 후손들과 제자들을 위해 기도하고 계실 아버지, 아버지를 반갑게 만나 뵙고 부끄럽지 않은 고백을 드릴 수 있는 후손이 될 수 있도록 늘 도와주시옵소서.

흰 옷에 꼿꼿하시나 얼굴에 미소를 띠신 분
잔잔하나 위엄이 풍기신 외할아버지

남정현[*]

외할아버지에 대한 기억을 떠올리면 나이에 따라 다른 기억이 납니다. 초등학교 때는 모친과 함께 주로 방문하여 주로 모친과 대화하시면 모친 옆에 앉아 외할아버지의 얼굴을 쳐다보았습니다. 그 모습은 어린 마음에도 범접하기 힘든 대상으로 생각되어 가만히 조용히 앉아 있다가 모친이 이제 가자 하면 정중히 인사하고 집으로 돌아왔습니다.

이후 초등학교 고학년이 되고 나서는 외갓집에 나 혼자 심부름을 다니게 되었습니다. 우리 집에서 외갓집까지는 약 3, 40분 정도 시간이 걸렸습니다.

지금은 서촌인 지역의 인왕산 자락인 옥인동의 한옥 골목을 오르고 오르면 작은 한옥이 있었습니다. 들어서면 마당에도 먼지 한 줌이 보이지 않는 집이었습니다. 이 집에는 한옥의 친밀함과 멋이 함께 하는 외할아버지와 외할머니가 살고 계셨습니다. 대문을 열면 목

* 글쓴이 남정현(南正鉉, 1950~)은 이강래 선생의 외손자로 차녀인 고 이용진의 장남이다. 한양대학교 의과대학을 졸업하였고 동경대학교 대학원에서 박사를 받았다. 현 강릉동인병원 정신건강의학과 과장(관심분야 : 지역사회 정신보건사업 가정폭력 및 성폭력 피해자 구조 의학)이며 한양대학병원 교수, 한양대학병원 원장을 역임하였다.

소리가 옥소리 같은 외할머니가 항상 반갑게 맞아 주시었습니다. 마루 앞에서 "저 왔습니다" 하고 말씀드리면 항상 첫마디는 "왔구나 고생했구나" 굵고 아주 차분한 목소리로 "들어오너라" 하십니다. 주로 흰 옷을, 여름에는 빳빳한 모시옷을 입으신 외할아버지가 작은 책상에서 책을 보시다 빙그레 웃으시면 나는 외할아버지께 인사를 드립니다.

그러면 외할머니는 제 등을 어루만지면서 오는데 힘들었다고 걱정하여 주십니다. 어려운 형편인데도 항상 먹을 것을 가져다주시었습니다. 그 당시에는 고구마 감자를 주로 주시었고 고구마는 아주 따끈따끈합니다. 우리 외할머니의 솜씨가 배어 있는 고구마입니다. 외할아버지께 잡수시라고 하면 금방 먹었다고 안 드셨습니다.

외할아버지는 나의 할아버지와 아버지에게서 느껴지지 않는 무언가가 있음을 중학생이 되고 나서 느끼기 시작하였습니다. 이전에는 그냥 친하기 어려운 어른으로 생각하기만 하였습니다. 외할아버지는 자신에 대한 이야기를 전혀 하지 않고 항상 내가 학교를 잘 다니는지 공부 열심히 하라는 이야기만 하셨습니다. 중학교에 들어가서 모친에게 외할아버지에 대한 궁금증을 풀려고 여러 번 질문을 하게 되었습니다. 또한 집에 조선어대사전이 한 권 있었는데 이에 대한 질문을 하여 외할아버지가 하신 일에 대한 것을 알게 되었습니다. 그리고 어려움이 있은 후의 상황도 알게 되었습니다. 이후 외갓집에 가는 심부름은 모두 내가 하기로 하였습니다. 즐거운 마음으로 가서 외할아버지 할머니를 만나는 것이 즐거운 일이었습니다.

외할아버지는 여러 말씀을 안 해 주시었으나 항상 강조하시는 것은 "정직해라. 잘하고 못하는 것이 문제가 아니니 최선을 다해라."였

습니다. 공부가 몇 등이냐고 물어보신 적이
없는 유일한 어른이었습니다. 단지 "학교 재
미있냐"라고 주로 물어보십니다. 정의롭게 행
동하신 우리 외할아버지의 말씀이라 더욱 마
음에 간직하였습니다.

외손자 남정현

어느 날 학교를 다녀왔더니 외할아버지께
서 오셨다 가셨다는 말을 모친이 하셨습니다.
그날 밤 외할아버지께서 쓰러지셨다는 전화가 왔습니다.

외할아버지는 자신의 죽음을 알고 계셨는지 저의 모친에게 "수고
많았다."라는 말을 하고 돌아가셨다고 합니다.

나의 직업과 관심 분야가 외할아버지의 영향을 받아 사회의 약자
인 정신장애를 가진 사람과 타인에게 폭력을 받은 사람들에 대한 조
그만 도움을 주고자 노력하는 분야를 선택하게 된 계기가 자연스럽
게 이루어졌던 것으로 생각됩니다.

하늘의 별이 되신 외할아버지 항상 평안하시죠. 앞으로 우리 모두
가 평안할 것입니다.

과거와 현재의 접점,
할아버지 이강래 선생님을 생각하며

이희영[*]

지난 달 내가 출석하는 종교교회 월간지인 '베데스다'지에 '기독교 선교 과정에서 되살아난 한글'이라는 글이 실렸다. 이 글에 돌아가신 할아버지에 대한 언급이 있었고 나는 친할아버지이자 조선어학회 일원이셨던 이강래 선생님에 대한 관심이 더 깊어지게 되었다. 이강래 선생님에 대해서는 보다 친근한 서술을 위해 이하 '할아버지'로 칭하고자 한다. 할아버지는 내가 태어나기 9년 전에 돌아가셔서 기억이나 추억이 없다. 그러나 부모님이 맞벌이를 하셨기에 할머니는 내가 고등학교 1학년 때까지 거의 나를 기르다시피 하셨다. 조선어학회 선열 추모집과 같은 다소 딱딱한 책에서가 아닌 친족으로서 할아버지에 대한 상상은 간혹 귀동냥했던 할머니의 이야기를 통해서였다. 할머니에 의하면, 할아버지는 매우 보수적인 분이었고 정확한 분이었고, 점잖은 분이셨다고 한다. 아버지도 이와 비슷하게 말씀하셨는데 이 역시 상당히 보편적인 묘사라고 생각한다.

---

* 글쓴이 이희영(李嬉英, 1976~)은 이강래 선생의 손녀로 차남 이용익의 장녀. 한성대학교 국어국문학과를 졸업하고 고려대학교 대학원 국어국문학 석사, 한성대학교 대학원 한국어문학 박사. 현 한성대학교 교양대학 조교수.

가족의 글 293

지난 10월 나는 조선어학회 수난 80돌 기념행사인 국립대전현충원 참배에 참석했다. 이는 매우 이례적인 일로 아버지가 매우 놀라실 지경이었는데 이유인즉, 직업상 한창 바쁜 시즌에 서울에서 대전까지 하루를 소요하는 일이었기 때문이다. 그리고 조선어학회 유족분들은 만난 적도 없고 개인적 친분을 쌓기에는 공통점이 너무 과거에 있어서, 행사 자체는 매우 의미 있지만 현대적 관점에서 다소 구태의연한 행사라 여길 수도 있었다. 아버지가 기뻐하셔서 좋았으나 나 역시 결정을 하고도 방금 이유들로 인해 다소 혼란스러웠다. 외적 이유는 우리 가족도 유족으로 한 명은 참가해야 한다는 것에 따름이었고, 내적 이유는 일상의 피로와 길러주신 할머니를 할아버지와 함께 뵙고 싶은 마음이 교차해서였다.

현충원 가던 날 날씨가 매우 온화했고, 은은하게 혹은 강렬하게 물든 단풍들이 차창에 지나가고 예전 할머니와의 기억을 떠올리며 기분 좋게 도착하여, 대전 현충원의 조선어학회 유족분들의 묘역을 하나하나 참배하며 사진을 찍었다. 오십이 멀지 않은 나이탓인지 하나하나의 참배가 매우 의미 깊게 다가왔고 힐링이 되었다. 아무 사익도 없이 대의를 위해 숨진 조상 혹은 다른 이의 조상의 묘역에서, 과거 인물들의 감정과 희생에 공감하는 경험은 거의 할 수가 없어서인 듯하다. 죽음이란, 사람의 기억에서 잊혀질 때가 죽는 순간이라고 하는데 누군가가 숭고한 대의와 삶들을 기억하는 한 고인들은 완전히 사라진 게 아닐 수도 있다.

할아버지는 일제강점기에 30~40대의 청장년기를 보내시며, 만주와 구 러시아에서 독립운동을 하셨고 귀국하신 후에도 독립운동을 하시며 개성 정화여학교, 송도고등보통학교, 서울 배화여자보통학교, 배화고등여학교에서 우리말글을 가르치셨다. 이런 활동은 일제 식민지하에서는 반역과도 같았기에 일본 경찰에게 잡혀가셔서 구금되시고 고문도 당하셨다. 이것이 흥업구락부 사건이다. 이후 풀려나신 후에는 생업을 위해서 제면 공장, 즉 국수의 면을 만드는 공장을 잠시 운영하셨는데, 경영에는 큰 소질이 없으셨던 것 같다. 할아버지의 경력 중 눈에 띄는 것은 1927년 조선어학회에 가입하시고, 1932년 『한글』창간호 발간에 참여하시고, 1933년부터 2년 간 전국을 순회하시며 한글의 바른 철자법과 바른 문법 등을 멤버들과 함께 가르치신 것이다. 우리의 말과 글은 조선 시대의 한글과 한자의 혼용으로 문장이 참으로 애매모호하다가, 비록 일제강점기지만 근대에 이르러 1930년대, 즉 1933년 한글 맞춤법 통일안 제정과 1936년 조선어 표준어사정으로 인해 현대의 문체로 정리가 된 것이다. 이 혼란의 시기에 할아버지가 말과 글의 정리정돈을 하는데 중요한 역할을 하셨다는 점, 일제의 총칼에 고문보다 더 큰 희생을 당할 수 있음에도 이런 일들을 용기 있게 실행하셨다는 점은 참 놀랍다. 할아버지뿐 아니라 조선어학회 멤버분들 모두에게 큰 감사를 드린다.

이 글을 쓰는 데 있어서 아버지, 이용익 장로님께서 큰 도움을 주셨다. 할아버지 이강래 선생님께서 국가를 위한 독립운동과 한글 수호 운동을 하시느라 교회 활동을 많이 못하셨지만 늘 믿음을 간직하신 채 본인의 삶을 희생하며 사셨다는 점, 청렴한 분이었다는 점을 강조하셨다. 할아버지에 대해서 피상적으로 알고 있었는데 사진으로만 보면 지극히 조용해 보이시는 할아버지가 이 시대의 기준으로는 흔하지 않은 강단 있는 정신의 소유자였다고 생각한다.

어려운 시기에도 이러한 정신을 가진 분들이 모여 지킬 것을 지키면서 우리는 여기까지 오게 되었다. 사람은 현재를 사는 것이라고 생각하지만 현재는 과거와 미래를 연결 짓는 지점이기도 하다. 평범하든 비범하든 모두 시간상의 한 연결선상에서 서로 관계를 맺고 있고, 따라서 선한 의지와 사랑의 마음이 필요하다. 코로나 이후에 많은 이들이 더 쫓기듯 살게 되었지만 과거의 마음이 현재에도 와닿을 수 있다면, 믿는 우리에게 큰 위안이 될 것이다.

이강래 스승님을 추모하면서

원우현[*]

    내가 경복중학교에 입학하면서 훌륭한 친구와 더불어 지낼 수 있다는 자긍심과 더불어 사표가 되시는 많은 경복의 스승님의 가르침에 대한 기대는 더욱 컸던 것으로 기억이 남는다.

    경복 학창 시절에 사랑으로 가르쳐 주시던 그 많은 선생님들이 내가 80이 넘은 이 시간에는 면대면으로 찾아뵐 수도 없다. 이 세상에 계신 스승님이 별로 안 계신 인생의 계절을 나도 맞고 있다. 그런데 우연히 2023년 5월 23일 화요일 오후 5시 새문안교회에서 모인 경복기독인총동문회 모임에서 경복 41회 후배인 이용익 종교교회 장로

---

[*] 글쓴이 원우현(元佑鉉, 1942~)은 경복중고등학교와 서울대학교 법과대학을 졸업하고 미국 보스톤대학교에서 석사/박사를 마쳤다. 오랫동안 고려대학교 언론학부 교수를 역임하였고 현재 고려대학교 명예교수이자 온누리교회 사역장로이다. 전 한국 언론법학회 초대회장/한국언론학회장/한국사회과학협의회 회장/방송위원회 상임부위원장/고려대 언론대학원장/몽골국제대학교 선교미디어 부총장 등을 역임하였다.

님을 만나서 이강래 선생님을 회상하는 특별한 계기가 나에게 마련되었다.

이강래 스승님은 내가 중학생 때인 1955년 10월엔 조선어학회 수난자 모임인 '십일회' 회원이셨다. 어느 날 추정 이강래 선생님이 우리 반 교단에 오셔서 수업하실 때 다정하고 낭랑한 목소리로 한글에 대한 소회를 밝히신 기억이 난다.

"나는 1942년 10월 '조선어학회 사건'으로 옥고를 치렀다. 그리고 그 고난을 결국 이겨냈다. 내가 이 민족을 이끌어야 할 경복중학생 여러분에게 강조하고 싶은 말은 이것이다. 조선어를 지키는 것이 우리 민족의 역사와 얼을 지키는 근본이다. 한글이 가장 쉽고 과학적인 짜임새가 있어서 세계에 으뜸가는 자랑거리이다. 금년에 높은 경쟁을 뚫고 경복의 주인이 된 여러분들이 앞장서서 한글을 바르게 쓰고 말할 수 있도록 더욱 연마하여 앞으로 다른 시민들에게 모범이 되어야 한다. 훗날에 어떤 분야의 지도자가 되든지 결국 품격 있고 남과 공감할 수 있는 말과 글의 주인이 되어야 여러분은 성공할 수 있다. 나는 여러분이 열심히 영어보다 한글을 더 연마하길 부탁한다."

회고해 보면 이강래 선생님은 부산 피난 시절 1950년 10월 경복중학교 교감으로 임명되시어 경복을 키우셨다. 동시에 그 어려운 피난 시절에도 일제하에 선생님께서 못다 하신 미진했던 '조선어 사전 편찬' 사업에 심혈을 기울이셨다.

우리는 철부지인 경복중 학생이었지만 한글로 인해 옥고를 치르시고 피난 생활의 고통 속에서도 오로지 사전 편찬의 의지를 현장에서 실천하시는 중에 하시던 그날의 추정 스승님의 한마디 한마디가 순박한 나의 가슴에 감동으로 남아서 내 인생의 나침반이 되었다.

그리고 경복고등학교에 진학하여 도덕 과목을 맡으시고 윤리와 도덕에 관해 가르치시던 추정 이강래 선생님을 다시 뵐 수 있는 행운을 얻었다.

윤리와 도덕은 수사학이 아니고 몸과 마음으로 사회생활 현장에서 실천하는 과목이다. 한국 사회의 발전에 시민이 서로서로 협력하여 선을 이루는 방법과 이치를 깨닫고 상식을 서로 공유하는 시민 생활 지침이라고 할 수 있을 것이다. 이강래 선생님이 수업 시간마다 우리 학년의 수월성을 평가해 주시고 교본을 하나하나 어려운 한자를 풀어주시던 그 수업이 심금을 울리는 교육 효과가 있었다고 동창들은 가끔 얘기한다. 그 주된 이유는 추정 이강래 스승님 자신이 스스로 교육자로서 한글학자로서 기독교 권사로서 모범이 되셨기 때문이다. 다시 말하면 스승님의 생활 그 자체가 윤리의 교본이고 실천 과정이었기 때문이다. 즉 1946년 6월 27일 배화여중 제10대 교장으로 한결같은 교육자의 길을 지키셨고 1949년 4월 2일에 '한글집' 재단법인 창립에 참여하여 이사로서 1967년 소천하실 때까지 한글에 대한 애착과 헌신을 중단한 일이 없으셨다. 1927년에 배화여자보통학교 교사로 부임하시면서 서울 도렴동 종교교회에 출석하시고 세례를 받으셨고 1967년 소천 때까지 권사로 섬기셨다.

우리들은 무익한 제자로 부끄럽지만 대한민국에는 정의의 강물이 부단히 흐르고 주님의 은혜가 넘친다. 삼천리금수강산에 특히 누리호가 성공적으로 발사된 새로운 기운이 우리 사회 곳곳에 퍼져나가서 우리 모두 선진 국가로 나아가는 위상을 재확인하게 되었다.

추정 이강래 선생님의 일생을 존경하는 대한민국이 1990년(23주기) 8월 15일 대한민국 건국훈장 애족장을 추서하고 2001년 10월 19일 국립대전현충원 애국지사 2묘역 제926호에 안장되셨다.

우리 모두 스승님께 진심으로 감사하며 추모의 묵념을 현충원 묘역을 향해서 다시 한번 올려드립니다. 추정 이강래 스승님이 그립습니다.

좌로부터 경복고등학교 제자 원우현(35회)과 최종문(37회)

제자의 아호까지 챙겨 주시던
추정 이강래 선생님

최종문[*]

1959년 3월 감자바위 강릉 출신으로 경복고에 입학해 보니 완전 '신세계'였다. 학교 전체가 북악산과 인왕산에 둘러싸이고 경복궁과 청와대에 이웃해서 그런지 너무나 아름다웠다. 그중에서도 특히 식물재배 온실이 설치돼 있어 야외교실과 쉼터로 쓰이던 '꾀꼬리 동산'은 절경이었다.

하지만 입학 초기에는 학교 주변 경관과 꾀꼬리 동산을 즐길 여유가 없었다. 소수의 타교생 출신으로 절대다수 본교 경복중 출신 중심의 학급 분위기 적응에 신경을 곤두세우느라 잔뜩 주눅이 들었기 때문이다. 게다가 첫 중간고사에서 필자의 초라한 성적은 경복고 입학으로 잔뜩 기고만장했던 필자의 자존심에 깊은 상처까지 남겼기 때문이기도 하다. 강릉 출신 동기생 김명기(전 한국은행 감독원 강원지원장), 박영식(변호사) 등 두 친구는 중학 시절의 공부 습관을 이어 나가 최상위권을 그대로 유지했지만, 필자는 중상위권에 간신히 이름을 올릴 정도였으니 낭패감은 이만저만이 아니었다. 경복 입학 이후 학

---

* 글쓴이 최종문(崔鍾文, 1944~)은 경복고등학교와 고려대학교 법과대학을 졸업하였다. 현재 은평감리교회 원로장로이며 전 전주대 문화관광대 교수/학장을 역임하였다.

과보다는 음악 감상실과 클래식 콘서트, 영화 연극관람 등 문화·여가활동에 치중했던 결과였으니 인과응보였던 셈이다.

경복 학생들은 다들 우수했고 특출한 학생들도 많았지만 훌륭한 선생님들도 많이 계셨다. 선생님들은 담당 과목에 대한 풍부한 지식과 경험으로 자신감 넘치는 학습지도를 펼쳐 경복이 왜 전국 최상위급 명문고로서의 위상을 계속 유지하고 있는가를 설명하는 듯했다. 그런데 많은 선생님들이 청장년 세대였음에 반해 도덕 과목을 잠시 맡으셨던 추정 이강래 선생님(1885~1967)은 당시 75세, 최고령으로서 일제 치하에서 조선어학회 사건으로 옥고를 치른 애국지사님으로 광복 후 배화여중 교장을 역임하시고 6·25전쟁으로 부산 피난 시 경복중 교감으로도 봉직하셨다.

선생님의 수업 시간이 짧았으므로 모든 기억이 흐릿하지만 유독 37회 동기 김영식 사장(전 금오농역(주) 대표)의 기억만이 또렷하고 의미가 깊으므로 함께 공유한다.

김영식 사장은 고1 때부터 자신의 기개를 드높일 아호를 갖고 싶어 '우거질 菁'(艸변) + '대나무 竹' = 〈청죽菁竹〉으로 초안을 잡고 이강래 선생님께 가르침을 받으려고 올렸더니 선생님은 그것도 좋지만 '초록빛 綠' + '대나무 竹' = 〈녹죽綠竹〉으로 하는 것도 괜찮을 것 같다고 하시며 알아서 선택하라는 말씀을 받았다고 회고한다.

그래서일까? 우리 경복 동문들의 가슴속엔 어쩌면 추정 이강래 선생님이 '청죽菁竹' 또는 '녹죽綠竹'의 모습으로 살아계실지도 모른다는 생각이 드는 이 아침이다.

한번 제자는 영원한 제자요 한번 스승은 영원한 스승이시다.

참고문헌

1. 자료

『동아일보(東亞日報)』

『조선일보(朝鮮日報)』

『매일신보(每日新報)』

『신한민보(新韓民報)』

『윤치호영문일기』

『조선총독부관보(朝鮮總督府官報)』

『한글』

『황성신문(皇城新聞)』

경복 70년사 편찬위원회, 『경복 70년사』, 경복동창회, 1991.

官立工業傳習所報告, 第1回, 農商工部所管, 1909.

國史編纂委員會, 「3·1獨立宣言 關聯者 訊問調書(일반시위자조서)」, 『韓民族獨立運動史資料集』 13, 1990.

國史編纂委員會, 「3·1獨立示威 關聯者 訊問調書(檢事調書)」, 『韓民族獨立運動史資料集』 15, 1991.

國史編纂委員會, 「李康來 訊問調書(證人)」, 『韓民族獨立運動史資料集』 13, 1990.

國史編纂委員會, 「李萬珪에 관한 수사보고」, 「李萬珪 訊問調書(제1회)」, 『韓民族獨立運動史資料集』 13, 1990.

國史編纂委員會, 「李萬珪 訊問調書(檢事調書)」, 『韓民族獨立運動史資料集』 15, 1991.

國史編纂委員會, 『韓國獨立運動史』 5, 1969.

독립운동사편찬위원회, 『독립운동사』 8, 1976.

독립운동사편찬위원회, 『독립운동사자료집 : 삼일운동사자료집』 6, 고려서림, 1984.

朴木月, 『陸英修女史』, 三中堂, 1976.

培花女子高等普通學校校友會, 『培花』 10, 1936.

성백경, 『배화백년사』, 배화학원, 1999.

松都中高等學校總同窓會, 『松都學園25年史』, 1931.

松都中高等學校總同窓會, 『松都學園100年史』, 學校法人松都學園, 2006.

이덕주, 『종교교회사』, 도서출판 종교교회, 2005.

李萬珪, 『朝鮮敎育史』 下, 乙酉文化社, 1949.

李徽載, 『新增 廣李世蹟』, 1980.

朝鮮總都府 高等法院檢事局思想部, 「申興雨に對する檢事の訊問調書」, 『思想彙報』 16, 1938.

朝鮮總都府 高等法院檢事局思想部, 「同志會及興業俱樂部の眞相」, 『思想彙報』 16, 1938.

韓國語文敎育硏究會, 「朝鮮語學會事件 豫審判決文」, 『語文硏究』 11-4, 1983.

한글학회, 『조선어학회 선열들의 발자취』, 2014.

한글학회, 『한글학회 50년사』, 1972.

한글학회, 『한글학회 100년사』, 2009.

2. 논저

國史編纂委員會, 『일제의 무단통치와 3·1운동』, 國史編纂委員會, 2002.

김상태, 「1920~30년대 동우회, 흥업구락부 연구」, 『한국사론』 28, 서울대학교 국사학과, 1992.

김세민, 「李萬珪의 생애와 민족운동」, 『의암학연구』 18, 한국의암학회, 2019.

김수현, 「사료로 보는 애국가 짓기와 부르기의 역사」, 『동양학』 82, 단국대학교 동양학연구소, 2021.

김수현, 「일제강점기 음악통제와 애국창가 탄압사례 – 신문기사를 통해」, 『한국음악사학보』 66, 한국음학사학회, 2021.

김수현, 「항일·독립운동가로 부른 학도가류 연구」, 『국악원논문집』 44, 국악원, 2021.

金仁德, 「1910년대 민족운동의 전개」, 『신편한국사』 47, 국사편찬위원회, 2002.

박용규, 「이만규 연구」, 『한국교육사학』 16, 한국교육사학회, 1994.

박용규, 「일제강점기·해방공간기 이만규의 기독교인식」, 『한국사상사학』 17, 한국사상사학회, 2001.

박용규, 「이만규의 친일성 주장에 대한 반론」, 『한국교육사학』 34, 한국교육사학회, 2012.

박용규, 「민족교육자 이만규의 총체적 삶」, 『애산학보』 43, 애산학회, 2017.

박용규, 「『조선교육사』에 나타난 교육사관」, 『애산학보』 43, 애산학회, 2017.

서희정, 「관립공업전습소의 용기화교육과 주체성 고찰 – 농상공부소관 『관립공업전습소일람(官立工業傳習所一覽)』(1909)의 검토를 통해서-」, 『인문과학연구』 45, 성신여자대학교인문과학연구소, 2022.

성백경, 『배화백년사』, 배화학원, 1999.

심성보, 「이만규의 삶과 교육사상」, 『한국교육사학』 14, 한국교육사학회, 1992.

엄승희, 「19세기 후반~20세기 전반기 도자 생산구조 및 유통의 전개와 양상」, 『한국도자학연구』 15-3, 한국도자학회, 2018.

이철경, 「나의 아버지, 이만규」, 『애산학보』 43, 애산학회, 2017.

이희승, 「조선어학회사건(2)」, 『어문연구』 3-3, 한국어문교육연구회, 1975.

鄭肯植, 「조선어학회 사건에 대한 법적 분석」, 『애산학보』 32, 애산학회, 2006.

최공호, 「官立工業傳習所 연구」, 『한국근현대미술사학』 8, 한국근현대미술사학회, 2000.

최경봉·김양진·이상혁·이봉원·오새내, 『우리말이 국어가 되기까지』, 푸른역사, 2023.

황상익, 『근대 의료의 풍경』, 푸른역사, 2013.

편저자 소개

이용익 이강래 선생의 차남으로 경복중고등학교와 연세대학교 상경대학을 졸업
하고 한일은행에서 지점장으로 근무한 후 정년퇴임하였다. 현재 종교교
회 원로장로.

이희영 이강래 선생의 손녀로 차남 이용익의 장녀. 한성대학교 국어국문학과를
졸업하고 고려대학교 대학원 국어국문학 석사, 한성대학교 대학원 한국
어문학 박사를 마쳤다. 현재 한성대학교 교양대학 조교수.

김양진 이강래 선생의 손자사위로 고려대학교 국어국문학과를 졸업하고 동 대
학에서 국어학으로 석사, 박사를 마쳤다. 현재 경희대학교 문과대학 국
어국문학과 교수.

**민족어 교육의 한길
추정 이강래**

2024년 6월 20일 초판 1쇄 펴냄

편저자 이용익·이희영·김양진
펴낸이 김흥국
펴낸곳 보고사

책임편집 황효은
표지디자인 김규범

등록 1990년 12월 13일 제6-0429호
주소 경기도 파주시 회동길 337-15 보고사
전화 031-955-9797 **팩스** 02-922-6990
메일 bogosabooks@naver.com
http://www.bogosabooks.co.kr

ISBN 979-11-6587-727-9 03910
ⓒ 이용익·이희영·김양진, 2024

정가 20,000원